COMPRENDRE LES RELIGIONS

CONFUCIANISME

Origines • Croyances • Rituels
Textes sacrés • Lieux du sacré

COMPRENDRE LES RELIGIONS

CONFUCIANISME

Origines • Croyances • Rituels
Textes sacrés • Lieux du sacré

Jennifer Oldstone-Moore

Adaptation française de
Jean-Louis Houdebine

GRÜND

Adaptation française : Jean-Louis Houdebine
Secrétariat d'édition : Yannick Le Bihen
Texte original : Jennifer Oldstone-Moore
PAO : Bernard Rousselot

ISBN 2-7000-2656-X
Dépôt légal : janvier 2003
Imprimé à Singapour

Page 2 : Fidèles brûlant de l'encens au temple confucéen de Quanzhou. La construction du temple date des XIIe-XIIIe *siècles, à l'époque de la dynastie des Song du Sud.*

SOMMAIRE

INTRODUCTION

Le confucianisme a été pendant des siècles – avec le taoïsme, le bouddhisme, et une religion populaire omniprésente – l'un des systèmes de pensée qui a eu le plus d'influence en Chine et qui représente encore aujourd'hui un aspect important de la civilisation chinoise. Fondement de l'idéologie impériale, il était à la base des rites accomplis par l'empereur pour garantir l'harmonie entre les êtres humains et le cosmos, ainsi que des examens visant à sélectionner ses fonctionnaires. Il sous-tendait également l'éthique sociale et familiale, ainsi que les rites de vénération des ancêtres. Avec la domination culturelle et politique de la Chine en Asie orientale, le confucianisme s'étendit à la Corée, au Vietnam et au Japon. Tout comme en Chine, il fait partie d'un ensemble de traditions religieuses dont on peut dire qu'elles sont plus complémentaires qu'exclusives les unes des autres.

En réalité, la tradition confucéenne a commencé bien avant Confucius (forme latinisée de Kong Fuzi, « Maître Kong ») : elle correspond à ce qu'on appelle l'école des *ru*, en chinois *rujia, ru* signifiant « faible » ou « souple », ou encore « accommodant ». *Ru* réfère également aux aristocrates lettrés de la dynastie des Shang (env. 1766-1050 av. J.-C.). Malgré la défaite des Shang, ces lettrés continuèrent à servir en tant que spécialistes du *li* (rituel et pro-

Pot à pinceaux pour la calligraphie, XVIIe *siècle, représentant le monde en miniature avec les cinq montagnes sacrées qui en marquent le centre et les points cardinaux.*

tocole), c'est-à-dire de la détermination des techniques de gouvernement et des comportements appropriés. La volonté des *ru* de servir leurs conquérants semble avoir été motivée, au moins en partie, par leur vénération du *li*. Avec le temps, *ru* finit par désigner un connaisseur du *li* qui travaillait pour le gouvernement, puis, de manière plus générale, une personne éduquée. Les divers sens du mot – vénération du *li*, apologie de la vertu, service de l'État, rôle de l'éducation – correspondent aux composants clés de ce qui constitue, selon la tradition confucéenne, l'homme idéal.

Le confucianisme présuppose l'existence d'une hiérarchie naturelle, laquelle est censée ordonner l'ensemble. L'ancienne cosmologie chinoise repose sur cette idée de hiérarchie. Les traditions religieuses chinoises se fondent sur deux principes fondamentaux : l'univers est un lieu sacré et ses éléments sont interdépendants. L'objectif central des différentes religions chinoises est, généralement, de préserver cet aspect sacré en maintenant l'harmonie entre les êtres humains et entre l'homme et la nature. Le confucianisme, quant à lui, s'attache plus particulièrement à favoriser l'harmonie sociale. Selon l'ancienne conception chinoise de l'univers, tout ce qui existe, y compris le ciel, la terre, les êtres humains et les divinités, est constitué de la même substance vitale, le *qi*, laquelle se compose essentiellement de deux forces complémentaires, le *yin* et le *yang*. Le *yin* représente ce qui est sombre, humide, inerte, froid, doux et féminin, tandis que le *yang* représente ce qui est clair, sec, en croissance, lumineux, chaud, dur et masculin. Toutes les choses sont un mélange de *yin* et de *yang* en proportions variables.

Cette conception de l'univers partagé entre le *yin* et le *yang* fonctionne en corrélation avec le cycle des « Cinq Éléments », structure plus détaillée permettant de mieux comprendre l'interaction des forces vitales. Les phases de ce cycle sont représentées par le « feu », le « bois », le

« métal », l'« eau » et la « terre ». Il ne s'agit pas ici des éléments matériels, mais des forces métaphysiques, chacune exerçant une influence dominante à tel ou tel moment. Toute chose dans l'univers – les changements et les formes de la nature, les corps célestes, le temps, les phénomènes naturels et la société humaine – est ainsi liée aux autres de par sa participation aux cycles de transformation autant que par son dosage variable de *yin* et de *yang*.

L'action du *yin* et du *yang* et les « Cinq Éléments » sont les modèles cosmiques primordiaux qui déterminent les relations humaines. Les enseignements du confucianisme sont les moyens grâce auxquels celles-ci trouvent à s'accomplir pleinement, en les mettant en phase avec les modèles cosmiques ; de même que, par un effet de vague, ils favoriseront l'harmonie dans toute la société et, finalement, dans tout l'univers. Dans la pratique, les modèles sociaux sont déterminés avant tout par les « Cinq Relations » (voir pp. 55-57), particulièrement par la relation entre parent et enfant, qui se manifeste dans le *xiao*, la piété filiale, et par une doctrine de gouvernement impliquant la domination d'un souverain vertueux et bienveillant sur des sujets dociles et obéissants. La doctrine politique confucéenne fut pendant des siècles à la base du pouvoir en Asie orientale et ne disparut sous sa forme officielle qu'au début du XXe siècle.

CHAPITRE UN

ORIGINES ET DÉVELOPPEMENT HISTORIQUE

Les débuts de la tradition confucéenne datent de la Chine antique, bien avant la naissance de Confucius. Les confucéens de la période classique en donnèrent une interprétation qui fut reformulée sous les Han (206 av. J.-C.-220 apr. J.-C.) pour devenir une puissante idéologie impériale. Le néoconfucianisme qui se développa sous la dynastie des Song (960-1279) en étendit le champ d'application et mit au point de nouvelles méthodes d'accès à la sagesse.

En raison de l'hégémonie politique et culturelle de la Chine en Asie orientale, le confucianisme a eu un impact durable au Japon, au Vietnam et en Corée. Son influence continue de s'exercer aujourd'hui dans ces régions où les valeurs d'harmonie sociale et de responsabilité l'emportent toujours sur la liberté et les droits individuels.

PAGE CI-CONTRE : Huang Di, l'« Empereur jaune », ancêtre mythique du peuple chinois et de sa culture. Ce sont des figures héroïques et légendaires (comme celle de Huang Di) qui devinrent des modèles de vertu pour les souverains comme pour le peuple.

Les pratiques et les idéaux confucéens sont bien plus anciens que Confucius lui-même et plongent leurs racines dans la Chine antique, où Huang Di, le légendaire « Empereur jaune », aurait fondé la culture chinoise. Au-delà du mythe, les caractéristiques du confucianisme – culte des ancêtres, ordre politico-religieux – sont déjà parfaitement présentes dans les inscriptions gravées sur les os « oraculaires », écrits chinois les plus anciens, datant de la dynastie des Shang, et qui furent mis au jour à Anyang, dans le nord-est de la Chine.

La pratique de la divination à partir d'os devint importante sous la dynastie des Shang (env. 1766-1050 av. J.-C.). Elle fut adoptée par la maison royale afin de bénéficier de conseils sur toutes sortes de questions, depuis la prévision du temps et la cause d'un mal de dents, jusqu'à la détermination du meilleur moment pour partir en guerre, les chances de succès à la chasse et l'abondance de la récolte.

Bien que les questions fussent parfois posées à l'être suprême connu sous le nom de Shang Di, le « Seigneur d'En haut », on s'adressait avant tout aux ancêtres, censés être source de bienfaits ou de malheurs, notamment en ce qui concerne la fécondité humaine. À cette époque, on croyait que seuls les rois avaient des ancêtres ; les âmes des gens du peuple pourrissaient avec leurs corps. On comptait sur ces ancêtres pour défendre les intérêts de la famille et donc de l'État. Pour rendre l'oracle, on énonçait une question tout en plaçant une pointe en métal portée au rouge sur une omoplate de bœuf ou de mouton, ou encore sur une carapace de tortue. Un devin interprétait ensuite les craquelures causées par la chaleur afin de décrypter la réponse apportée. Les questions et réponses dont on a retrouvé la transcription témoignent des obligations censées exister entre ancêtres et descendants.

Au cours de la dynastie des Zhou (1050-256 av. J.-C.), Shang Di fut remplacé par Tian, le « Ciel », source du pouvoir et de l'ordre. Le Ciel est alors une force non-anthropomorphique capable de contrôler et d'influencer les événements. Les Zhou prétendirent avoir reçu du dieu le « Mandat Céleste » (le droit de régner avec l'approbation divine) en raison de leur vertu, par opposé à la dépravation des derniers souverains Shang. L'idée que vertu et bienfaisance du souverain sont au fondement de l'État est donc clairement établie dès cette époque.

Durant la dynastie des Zhou, une œuvre canonique traditionnellement datée de cette période, les Cinq Classiques (voir pp. 34-36), compila toute une série de pratiques rituelles, de règles de conduite, d'écrits littéraires et poétiques, ainsi que de faits exemplaires glorifiant la piété filiale, la loyauté, la vertu et la bonne manière de gouverner. Au VIe siècle avant notre ère, l'autorité politique des Zhou décline et la période qui s'ensuit vit surgir nombre de théories visant à restaurer l'harmonie et la paix. Cette période fut l'époque dite des « Cent Écoles ». C'est dans ce contexte que Confucius élabora ses idées sur l'ordre dans la société et l'État. Né en 551 av. J.-C. à Qufu, dans la province actuelle du Shandong, Confucius (Kong Qiu, ou Kongzi, « Maître Kong ») était issu d'une famille noble mais pauvre. Après avoir servi le gouvernement de l'État de Lu, il passa treize ans à parcourir les divers autres États chinois, demandant, en vain, à chaque souverain de mettre en pratique ses idées sur la manière de gouverner. Déçu, il revint chez lui et se consacra, jusqu'à sa mort en 479, à l'enseignement et, selon la tradition, à la rédaction des Cinq Classiques.

Confucius soutint l'idée que pour avoir une société harmonieuse et un gouvernement efficace, la relation essentielle unissant parent/enfant doit déjà bien fonctionner. Il ajoute ensuite que les obligations de piété filiale – honneur, respect, amour, assistance mutuelle entre parent et enfant – se retrouvent dans d'autres relations sociales. La bonne façon de gouverner, par exemple, implique le même type d'attention et d'obligation, entre souverain et sujet, que celles qui doivent exister entre père et fils. De plus, chaque membre de la société avait un rôle précis à jouer. Ainsi, respect du rang de chacun, obligations rituelles et sens du devoir, conduiront finalement à la perfection de la personne et à la transformation de la société.

Mencius (Mengzi, 371-289 av. J.-C.), le grand disciple de Confucius, systématisa les enseignements du maître sur la vertu et la bonne façon d'exercer le pouvoir, affirmant la bonté originelle de la nature humaine et le droit de se révolter contre un mauvais souverain.

Xunzi (en activité vers 298-238 av. J.-C.), le troisième grand penseur confucéen de la période classique, offrit une vision très différente de la nature humaine. Pour lui, les hommes sont originellement mauvais, toutefois, outre les rites, seules des lois sévères et des punitions impitoyables peuvent les rendre bons. Les conceptions de Xunzi furent mises en pratique par les « Légistes » – une autre des « Cent Écoles » – pour qui ce sont les lois et les châtiments, plutôt que l'émulation vertueuse et la contrainte morale, qui permettent de gouverner. Les Légistes ont été honnis dans l'histoire de la Chine pour leur rôle dans les atrocités du règne de Qin Shihuangdi (221-209 av. J.-C.), le premier empereur ayant régné sur la totalité du territoire chinois –

Scène de la vie de Confucius avec ses disciples.
Encre et aquarelle, dynastie des Qing (1644-1911).

quantité de livres furent alors brûlés et les intellectuels systématiquement brimés.

Pendant plusieurs siècles après la mort de Confucius, l'école confucéenne ne bénéficia d'aucun soutien officiel et fut même persécutée sous la dynastie des Qin (221-207 av. J.-C.). C'est sous les Han (206 av. J.-C.-220 apr. J.-C.) que le confucianisme fut officiellement adopté, lorsque l'empereur prit conscience que les rituels recommandés par les lettrés confucéens lui fournissaient à la fois un cérémonial de cour impressionnant et un moyen de maintenir la stabilité sociale. En dépit de sa critique de la conception des Légistes, le confucianisme sous la dynastie des Han s'avèra un mélange d'idéalisme confucéen et de pragmatisme légiste dont l'efficacité fit ses preuves en Chine, pendant pratiquement deux millénaires de régime impérial. Cette époque fut marquée également par la création des infrastructures de l'administration de la Chine impériale : une université nationale fut fondée, les textes détruits par les Qin furent reconstitués et un système fut mis en place pour détecter les « hommes de talent », fonctionnaires imprégnés des vertus confucianistes. Ce système bureaucratique permit de sélectionner les fonctionnaires de la Chine impériale et perdura jusqu'au XXe siècle, après avoir été adopté également au Vietnam et en Corée.

La dynastie des Han vit également apparaître de nouveaux courants dans la pensée confucéenne, comme celui marqué par l'œuvre de Dong Zhongshu, auquel on doit une synthèse philosophique entre le confucianisme, la doctrine des Légistes et les cosmologies fondées sur les principes complémentaires du *yin* et du *yang* et leur incidence dans le *qi* (force ou énergie vitale). Le génie de Dong fut de combiner ces concepts cosmologiques avec les idéaux politiques confucéens en aboutissant à une triade composée du Ciel, de la Terre, et de l'humanité, le souverain y apparaissant comme le pivot des trois et le garant de l'ordre et de l'harmonie dans l'univers.

Après la chute de la dynastie des Han suivirent plusieurs siècles de déclin du confucianisme, d'essor du bouddhisme et de popularité grandissante du taoïsme. Avec la dynastie des Song (960-1279), le néoconfucianisme vint redonner vie à la tradition confucéenne en lui ouvrant de nouveaux horizons. Le lettré le plus connu de cette période est Zhu Xi (1130-1200). Selon lui, toutes les choses, y compris la nature humaine, obéissent à un principe normatif, *li* (à ne pas confondre avec son homophone, *li*, qui signifie « rituel »), qui donne sa forme au *qi*. Les hommes doivent « examiner » les choses, afin de comprendre leurs principes sous-jacents, et se cultiver eux-mêmes afin de fonder leurs actions sur la conduite humaine la plus appropriée. Les influences bouddhistes et taoïstes apparaissent clairement dans l'apologie néoconfucéenne de la méditation (littéralement « rester assis dans la quiétude ») en tant que technique d'expérience de soi conduisant à une meilleure compréhension des choses.

Wang Yangming (Wang Shouren, 1472-1529) est un néoconfucéen tardif dont l'enseignement concurrença celui de Zhu Xi. Il préconise, lui aussi, la méditation silencieuse comme un moyen de se connaître soi-même, tout en mettant en valeur l'unité de la connaissance et de l'action. Il affirme ainsi que « la connaissance est le commencement de l'action, et l'action le plein accomplissement de la connaissance » : la connaissance de la vertu, par exemple, implique nécessairement qu'on se conduise de manière vertueuse ; tout comme la connaissance de la piété filiale exige qu'on se comporte en conséquence, et ainsi de suite.

L'influence du confucianisme au Vietnam et en Corée s'explique avant tout par la conquête de ces deux pays par la Chine sous la dynastie des Han. Il en résulta des gouvernements de type confucéen, et bien que la domination chinoise fût loin d'y être constante au cours des siècles qui suivirent, l'idéologie confucéenne continua de s'imposer dans la culture des élites coréennes et vietnamiennes. Après l'effondrement de la dynastie des Tang, en 907, le Vietnam put maintenir dans une large mesure son indépendance politique vis-à-vis de la Chine, mais il n'en continua pas moins d'être marqué par la culture chinoise, le pouvoir s'appuyant sur une bureaucratie de fonctionnaires sélectionnés par des examens fondés sur les Classiques chinois. Dès 427, la même situation se retrouve en Corée. On observe même dans ce pays, avec la dynastie des Choson, ou des Yi (1392-1910), l'État le plus confucéen qu'on puisse imaginer. Éducation, bureaucratie, principes de gouvernement, culture supérieure, dans tous ces domaines, les Coréens reproduisirent une civilisation confucéenne modèle. Nombre de penseurs néoconfucéens s'y illustrèrent, le plus célèbre étant Yi T'ongye (1501-1570), dont l'œuvre développe la philosophie de Zhu Xi.

La situation se présente différemment au Japon. État insulaire, c'est volontairement que ce pays emprunta ses idées au confucianisme, notamment au VIe siècle, à une époque où s'opère la centralisation de l'empire nippon. En 604, le prince Shotoku rédige *La Constitution en dix-sept articles* qui pose les bases d'un État confucéen en insistant sur l'importance de l'autorité centrale et de l'harmonie sociale dans laquelle chacun a à jouer son rôle spécifique. Après cette phase initiale d'emprunt culturelle, le confucianisme devint un aspect fondamental, quoique sous-estimé, de la culture japonaise.

L'apogée culturel du confucianisme au Japon se situe durant la période Tokugawa (1600-1868). Les souverains Tokugawa virent dans le confucianisme un moyen de rétablir et de consolider l'harmonie sociale après des siècles de guerre civile. Kaibara Ekken (1630-1714) fut le principal acteur de la promotion du néoconfucianisme japonais en rendant l'éthique confucéenne accessible au Japonais moyen.

Les États confucéens de Chine, du Vietnam et de Corée disparurent aux XIXe et XXe siècles sous la pression de l'impérialisme européen. Beaucoup de réformateurs et de révolutionnaires chinois, dont les communistes, reprochèrent au confucianisme d'être responsable de la faiblesse chinoise face à la poussée impérialiste. D'autres, toutefois, ont vu en lui le fondement moral des cultures de l'Asie orientale et un facteur de réussite essentiel pour les nations en voie de modernisation.

Malgré la disparition de l'État confucéen, les idéaux du confucianisme demeurent. Une nouvelle vague de penseurs – dont Mou Tsung-san, Carsun Chang, Tu Weiming – a réinterprété le confucianisme à la lumière du monde moderne. La ville-État de Singapour, sous Lee Kuan Yew, et la République de Taïwan ont placé les idées confucéennes au centre de l'harmonie et de la moralité sociale. Enfin, il convient de souligner combien le confucianisme a joué un rôle important dans le boom économique de l'Asie orientale durant les dernières décennies. Il est clair que la tradition confucéenne y demeure fondamentale, et bien qu'à l'état diffus dans la famille, la société, la culture et les structures politiques, toujours très présente et formatrice.

Yao, Shun et Yu dans le *Shu jing* (*Livre des documents*) et le *Mengzi* (*Mencius*)

“ Yu dit : « Souverain, souviens-toi de ceci ! [...] Il y a l'eau, le feu, le métal, le bois, la terre et le grain ; ces choses doivent être bien réglées. Il y a à rectifier la vertu des gens, veiller aux outils et aux équipements, assurer la satisfaction des besoins vitaux. [...] Quand ces neuf services ont été mis en ordre, célèbre une fête avec des chants. Réprimande les gens avec douceur, corrige-les avec autorité, exhorte-les par les Neuf Chants, et ton règne point ne déclinera. » ”

Extrait du *Shu jing*, d'après la traduction anglaise de Jennifer Oldstone-Moore.

“ Mengzi dit : « Le compas et l'équerre font des cercles et des carrés parfaits ; le sage fait une personne parfaite. Si on veut devenir chef d'État, il faut remplir pleinement la fonction de chef d'État ; si on veut devenir ministre, il faut remplir pleinement la fonction de ministre. Il suffit ici de suivre les exemples de Yao et de Shun. Ne pas suivre l'exemple de Shun servant Yao, c'est manquer de respect envers son prince ; ne pas prendre Yao comme modèle pour gouverner le peuple, c'est nuire au peuple. » ”

Extrait du *Mengzi*, d'après la traduction anglaise de Jennifer Oldstone-Moore.

Commentaire

En général, le confucianisme classique s'intéresse moins à la création de l'univers qu'aux commencements de la civilisation, dont les origines, selon la pensée confucéenne, sont à rechercher dans la vie des « sages rois » de l'Antiquité chinoise (voir pp. 44-45).

L'histoire traditionnelle de la Chine commence au XXIVe siècle avant notre ère avec le règne de Yao. Yao et Shun, son successeur (2255 env.-2205 env.), gouvernèrent plus par les rites et la bienveillance que par la force. Leur sollicitude affectueuse à l'égard du peuple exprime déjà l'idée d'un souverain qui est essentiellement un père pour ses sujets. L'art de gouverner, tel qu'il est décrit (ci-contre) à Shun par Yu, son ministre exemplaire, vise au bien-être matériel et moral du peuple, deux thèmes constants dans les théories de la monarchie en Asie orientale.

Les générations postérieures virent en Yao, Shun et Yu des modèles de souverain et de ministre, comme en témoigne ce passage du *Mencius*. On s'inspira de leur exemple pour résoudre les problèmes rencontrés. Au XIXe siècle, face aux formidables défis de l'Occident, des intellectuels confucéens eurent encore recours à eux pour envisager la transformation de la société chinoise.

CHAPITRE DEUX

ASPECTS DU DIVIN

La conception confucéenne du divin prend deux formes principales. Ce sont, d'une part, les principes qui président à l'ordre de l'univers – forces cosmiques et notions d'une réalité suprême, comme le Ciel et la Grande-Unité – et qui sont objets de contemplation plus que d'adoration, d'autre part, toute une série de divinités et d'êtres spirituels, vénérés sur les autels et dans les temples.

Le monde des vivants et celui des esprits et divinités sont étroitement liés. Les esprits sont les membres décédés de la famille, dont certains sont des êtres dangereux qu'on apaise par des offrandes. Les hommes dont la vie a été exemplaire peuvent devenir dieux et prendre place après leur mort dans la hiérarchie céleste. En retour, les dieux se voient adresser des requêtes et des offrandes par les hommes.

*PAGE CI-CONTRE : Un Lettré écoute intensément l'eau qui s'écoule. La peinture de paysage avait une signification éthique et cosmologique : elle reflétait le principe éternel (*li*) qui préside à toute la création et s'inscrit dans la singularité de toute chose.*

La conception confucéenne du divin est centrée sur des esprits, auxquels on peut avoir accès, et des forces cosmiques terrifiantes mais lointaines. Déjà, à l'époque de la dynastie des Shang, les souverains offraient des sacrifices à leurs ancêtres et vénéraient également un être suprême, Shang Di, le « Seigneur d'En Haut ». Avec son remplacement ultérieur par Tian, le « Ciel ». L'idée que Tian accorde ou non le « Mandat Céleste » au souverain devint dans la théorie confucéenne l'élément central de l'art de gouverner. Cette croyance fait du Ciel une entité dotée d'une volonté, sensible au bien-être du peuple. Chez Confucius lui-même, le Ciel est interprété comme étant un ordre à la fois naturel et moral, dont il importe de connaître les volontés.

À partir du Xe siècle, la connaissance de l'ordre cosmique et de sa nature devint un aspect important du confucianisme. Les néoconfucéens développèrent une cosmologie fondée sur le *li*, principe d'ordre donnant sa forme au *qi*, la matière-force vitale dont toutes les choses sont constituées. Malgré l'apparente diversité de la création, toutes les choses sont unifiées par le principe de la « Grande-Unité », *Taiji* (*T'aichi*), qui préside à l'ordre du cosmos. La contemplation et l'étude peuvent même aider à éprouver concrètement l'unité sacrée de l'univers. La méthode d'enseignement néoconfucéenne impliquait toute une discipline intellectuelle et morale, tout un travail de réflexion et de méditation (« rester assis dans la quiétude »), visant à purifier l'esprit et à appréhender l'unité de l'univers.

Par ailleurs, le confucianisme met en avant l'existence d'une multitude d'esprits qui peuvent aider les hommes ou leur nuire. Ce monde des esprits comprend les ancêtres et les dieux, qui reçoivent les offrandes et donnent en retour bienfaits et faveurs. Les fantômes ne sont autres que les morts qui sont défavorables aux vivants. Le ciel est le séjour des dieux, imaginé comme une vaste bureaucratie. Les fonctionnaires du royaume céleste portent les mêmes insignes emblématiques que ceux de la bureaucratie impériale; on les aborde et on les sollicite de la même façon que les fonctionnaires d'ici-bas. En bref, loin de seulement se refléter, le monde des vivants et celui des morts s'interpénètrent l'un l'autre.

Au sommet de cette bureaucratie se trouve l'Empereur de Jade, double spirituel de l'empereur terrestre. Il est le juge suprême et le souverain du Ciel, l'autorité supérieure de la hiérarchie administrative. Comme il se doit, l'Empereur de Jade est un personnage lointain avec qui on ne peut communiquer que par des intermédiaires, de même que le Chinois moyen ne pouvait s'adresser directement à l'empereur. Le poste le plus bas de la

Plafond du Temple du Ciel, à Pékin. La base carrée et la voûte circulaire du plafond symbolisent la Terre et le Ciel. C'est ici que l'empereur accomplissait les sacrifices annuels pour que le Ciel garantisse l'ordre dans son empire.

bureaucratie céleste est occupé par le dieu local, Tudi Gong, le dieu de la Terre. Chaque quartier, chaque village, possède son propre Tudi Gong, qu'on peut comparer à un policier ou à un juge de village. Sa tâche est de maintenir l'ordre, de réprimer les fantômes locaux fauteurs de trouble, et d'être au courant de ce qui se passe dans la région. S'agissant d'événements comme les naissances, les morts et les mariages, les villageois pouvaient rapporter les naissances, les décès ou les mariages aussi bien au poste de police local qu'à Tudi Gong, lequel transmettait les nouvelles importantes à son supérieur hiérarchique dans la bureaucratie céleste.

L'un des grands idéaux du confucianisme fut de promouvoir une bureaucratie composée de fonctionnaires vertueux. Cet idéal s'applique également au monde des esprits, comme en témoigne l'histoire de Mazu, une fille de pêcheur qui devint impératrice du Ciel. La vie de Mazu fut brève mais exemplaire, et révéla d'extraordinaires pouvoirs surnaturels. Après sa mort, à 28 ans, son esprit fut vénéré par la population locale et on se mit à doter les bateaux de son image en guise de protection. Après deux siècles de vénération populaire, des confucéens locaux prirent note de cette popularité et des récits vantant sa générosité et recommandèrent sa promotion. Ainsi, sur ordre de l'empereur, Mazu fut intégrée dans la hiérarchie céleste et en gravit les échelons jusqu'à devenir impératrice du Ciel (Tian Hou) et l'épouse de l'Empereur de Jade. Elle continue d'être aujourd'hui l'une des divinités les plus populaires en Chine méridionale et à Taïwan.

L'Inscription de l'Ouest de Zhang Zai (1020-1077)

« Le Ciel est mon père et la Terre est ma mère, et même une petite créature comme moi trouve une place en leur sein. Ce qui remplit l'univers, je le regarde donc comme mon corps, et ce qui dirige l'univers je le considère comme étant ma propre nature. Tous les humains sont mes frères et sœurs, et tout être est mon compagnon. Le souverain suprême (l'empereur) est le fils aîné de mes parents (le Ciel et la Terre), et les grands ministres sont ses intendants. Respecte les gens âgés – c'est ainsi que les aînés doivent être traités. Porte un amour profond à l'orphelin et au faible – c'est ainsi que les plus jeunes doivent être traités. [...] Ne fais rien de honteux dans les recoins de ta propre maison : c'est ainsi que tu ne donneras point de déshonneur [au Ciel et à la Terre]. Préserve ton esprit et nourris ta nature : ainsi (tu les serviras) sans peine. [...] Fortune, honneur, bienfaits et bénéfices sont là pour enrichir ma vie, tandis que pauvreté, humble position, et chagrin sont là pour m'aider à m'accomplir. Dans la vie je suis et sers [le Ciel et la Terre]. Dans la mort je serai en paix. »

A *Source Book in Chinese Philosophy*, Wing-tsit Chan, Princeton Univesity Press, Princeton, 1963, d'après la traduction anglaise de Jennifer Oldstone-Moore, pp. 497-498. Les parenthèses sont dans le texte de la traduction ; les mots entre crochets sont une addition de l'auteur.

Commentaire

Dans *L'Inscription de l'Ouest*, le penseur néoconfucéen Zhang Zai décrit avec concision et poésie la nature du cosmos et de ses rapports internes, en évoquant la sainteté et la perfection de l'ordre créé. Ce texte célèbre (que l'auteur inscrivit sur le mur occidental de son cabinet de travail) reprend l'idée qu'il existe un principe – *li* – qui sous-tend toute la création. Ce principe se manifeste dans l'ordonnancement de la nature dont le cycle éternel se déroule parmi les choses avant de revenir ensuite à son état indifférencié.

Le principe sous-jacent auquel Zhang Zai se réfère est celui de la Grande-Unité, *Taiji*, base de toute croissance et du changement. *Taiji* se manifeste comme *qi*, matière-force vitale, qui se différencie avec les polarités *yin* et *yang*, puis avec les « Cinq Éléments » (voir pp. 8-9) et une innombrable création. Toutes les choses, spirituelles et matérielles, sont composées de *qi*, et donc toutes liées entre elles : l'univers est un. Le texte use des images confucéennes de la famille pour définir les rapports entre les choses dans un cosmos dont le créateur ne saurait être séparé de sa création. Le sage s'efforce de percevoir l'unité de l'univers, de comprendre son ordonnance, et de vivre en harmonie avec elle.

CHAPITRE TROIS

TEXTES SACRÉS

Si dans beaucoup de religions les textes sacrés sont présentés comme une « révélation divine », le canon confucéen, quant à lui, est presque exclusivement attribué à des êtres humains. Comprenant les œuvres de figures fondatrices comme Confucius et Mencius, il traite de sujets allant des origines de la civilisation et de la manière de gouverner à l'histoire et au protocole des premières dynasties.

La prédominance du canon confucéen dans les anciennes cultures de l'Asie orientale a été égale à celle de la Bible en Occident. En Chine, ses textes ont été à la source du développement intellectuel et moral, tandis que par leur intermédiaire la haute culture chinoise se répandit dans les pays voisins. Aujourd'hui encore, les idéaux du confucianisme ont un énorme retentissement dans la culture asiatique.

PAGE CI-CONTRE : Peinture du début du XVIIIe siècle représentant l'examen pour devenir magistrat. On avait accès à ce poste important de l'administration de l'État en passant des examens publics qui exigeaient une excellente connaissance des Cinq Classiques confucéens.

Au cœur de la tradition confucéenne, il y a un certain nombre d'Écritures saintes composées des Cinq Classiques et des Quatre Livres. Les Cinq Classiques étaient objet de vénération et furent au centre de l'enseignement confucéen, au Vietnam et en Corée aussi bien qu'en Chine, sous les Han. Tout étudiant aspirant à devenir fonctionnaire les apprenait par cœur. Ils étaient cités autant par les bureaucrates que par les philosophes. Au Japon, les Cinq Classiques constituèrent une partie importante de la culture empruntée à la Chine. En Corée et au Vietnam, étant donné le contrôle politique qu'y exerça la Chine, ils furent au fondement de la culture des élites.

Confucius se considérait comme le médiateur des « sages rois » de l'Antiquité (voir pp. 44-45). Il affirmait que l'on accédait à la sagesse essentiellement par l'étude des textes Classiques : le *Livre des mutations* (*Yi jing*, ou *Yi king*), le *Livre des documents* (*Shu jing*), le *Livre des odes* (*Shi jing*), le *Livre des rites* (*Li ji*) et les *Annales des printemps et automnes* (*Chunqiu*). Un sixième texte, le *Livre de musique* (*Yue jing*), fut perdu dès le IIIe siècle avant notre ère.

Chacun de ces Classiques présente un aspect important de la sagesse, promeut l'harmonie et l'ordre, et vise à favoriser en tout homme l'épanouissement de son humanité. Le *Livre des mutations* témoigne de l'importance des anciennes pratiques de divination ; il souligne également le rapport étroit qui rattache l'homme à la nature, ainsi que la possibilité d'obtenir du cosmos des directives quant à la manière de conduire sa vie. Attribué à l'empereur mythique et héros civilisateur Fu Xi, le système de divination du *Livre des mutations* est fondé sur 64 hexagrammes représentant de multiples combinaisons de *yin* et de *yang*. Ces hexagrammes doivent répondre à toutes les situations possibles dans un univers qui ne cesse de changer. On attribue traditionnellement à Confucius le texte des *Dix Ailes*, dont les commentaires doivent aider à comprendre les remarques énigmatiques du *Yi jing*.

Le *Livre des documents* constitue une chronique d'événements historiques dont certains remontent au lointain passé de la Chine (IIIᵉ millénaire avant notre ère) et qui sont autant de leçons de morale quant à la façon de se comporter et de bien gouverner. Il en va de même pour les *Annales des printemps et automnes* qui évoquent des événements se situant sous la dynastie des Zhou. Dans ces deux textes, la référence à un passé susceptible d'être un guide pour l'action est typiquement confucéenne.

Le *Livre des odes* est un recueil de 305 poèmes. Une tradition veut que les rois Zhou aient collecté ces poèmes afin d'en savoir plus sur les humeurs et les goûts du peuple – connaissance essentielle pour un souverain désireux de conserver le « Mandat Céleste » (voir p. 13). On a souvent vu à travers ces poèmes des commentaires allégoriques sur les agissements du pouvoir. Le *Livre des rites* abonde en détail sur le protocole des diverses cérémonies et, plus généralement, offre un modèle de ce que doit être le *li* – rituel, étiquette, bienséance – qui est à la base de la morale confucéenne (voir pp. 54-55).

On attribue traditionnellement à Confucius la rédaction des *Annales des printemps et automnes* et des *Dix Ailes*, ainsi que l'édition des quatre autres Livres classiques. Pour les spécialistes modernes, ceux-ci auraient été compilés durant la période Zhou, et ce que nous en connaissons résulte de leur reconstitution entreprise sous les Han, après les destructions massives de la dynastie des Qin (voir p. 15).

Aux Cinq Classiques s'ajoutèrent progressivement d'autres textes – on en compte un total de treize au IXe siècle de notre ère. Zhu Xi, philosophe de l'époque Song, présenta en Quatre Livres une synthèse des conceptions de Confucius. Ces Quatre Livres devinrent la base de l'enseignement confucéen en Chine de 1313 à 1905. Ces Quatre Livres sont les *Entretiens* (*Lunyu*) de Confucius, le *Mencius* (*Mengzi*), la *Grande Étude* (*Daxue*) et *L'Invariable Milieu* (*Zhongyong*).

Les *Entretiens*, qui font partie du canon confucéen depuis la dynastie des Han, présentent les recommandations de Confucius en vue d'une société idéale telles qu'elles furent enregistrées par ses étudiants. Le Maître y montre combien les rites (*li*) des premiers souverains chinois offrent le modèle d'une société harmonieuse résultant d'un gouvernement vertueux. Le *Mencius*, selon le nom de son auteur, disciple de Confucius, est un développement des conceptions du Maître. Mencius y présente les hommes comme foncièrement bons et éducables, une idée qui aura une énorme influence dans le monde confucéen. Par ailleurs, Mencius affirme que les sujets ont le droit de renverser un souverain tyrannique.

Le *Daxue* et *L'Invariable Milieu* faisaient initialement partie du *Livre des rites*, et c'est Zhu Xi qui les en sépara en raison de leur importance philosophique. Le *Daxue* enseigne que la première condition à l'introduction de l'harmonie dans le monde est le travail sur soi, lequel portera ensuite ses effets dans la famille, l'endroit où l'on vit, la région, le monde et l'univers. *L'Invariable Milieu* insiste également sur l'unité du cosmos et de l'humanité dont le garant est la « sincérité » (*cheng*).

Tous les textes du canon confucéen sont écrits dans la langue, à la fois laconique et raffinée, du chinois classique, et leur complexité donna naissance à toute une

« Les amitiés profitables sont celles des hommes droits, sincères et de grand savoir. »

« À la vue du profit, pense à la justice, au sacrifice face au danger. »

« Qui ne voit pas loin tombera bientôt dans l'embarras. »

« Commettre une faute et ne pas s'en corriger, c'est là la vraie faute. »

« C'est l'harmonie qui prime. »

«Gouverne par la force morale »

Choix de maximes tirées des Entretiens de Confucius.

tradition de commentaires visant à élucider leur sens. Leur étude exigeait des années d'efforts. Dès l'âge de 4 ans, les enfants commençaient à apprendre à écrire les caractères chinois aidés par des textes qui reprenaient les maximes de Confucius sous forme de sentences facilitant leur mémorisation. Devenus étudiants, ils apprenaient les textes par cœur et ce n'est qu'ensuite qu'on leur faisait étudier les commentaires qui permettaient de mieux les comprendre. Notons qu'au Japon, au Vietnam et en Corée, la maîtrise des Classiques et des autres livres du canon confucéen impliquait également la maîtrise d'une langue étrangère.

Les leçons contenues dans les textes classiques furent diffusées de multiples façons pour ceux qui n'étaient pas capables de les lire. En Chine, on écrivit des manuels élémentaires pour enseigner l'essentiel du canon aux illettrés. Durant la dynastie des Qing, l'édit sacré, qui comportait les enseignements de base de la morale confucéenne, fut lu et expliqué au menu peuple par ordre de l'empereur. On diffusa également, en Chine comme en Corée, des textes édifiants sur la piété filiale et autres exemples vertueux. Certains grands penseurs, comme Zhu Xi en Chine et Kaibara au Japon, écrivirent même des manuels expressément destinés à l'usage des gens du commun.

« Le Vent du nord », poème tiré du *Livre des odes*

“ Le vent du nord est si froid ;
La neige tombe si drue.
Sois tendre, aime-moi
Prends ma main et tous deux nous irons.
Tu es si craintive et si lente
– Hâtons-nous, vite, vite ! ”

“ Le vent du nord est si fort ;
La neige tourbillonne si rapide.
Sois tendre ; aime-moi
Prends ma main et tous deux nous irons.
Tu es si craintive et si lente
– Hâtons-nous, vite, vite ! ”

“ Rien d'aussi roux que le renard,
Rien de plus noir que le corbeau ;
Sois tendre, aime-moi
Prends ma main et tous deux nous irons dans le chariot.
Tu es si craintive et si lente
– Hâtons-nous, vite, vite ! ”

Extrait du *Shi jing*, d'après la traduction anglaise de Jennifer Oldstone-Moore.

Commentaire

Le *Livre des odes*, d'où ce poème est tiré, a été au centre de la culture et de la littérature chinoises. Il a servi à sonder les dispositions du peuple, et donc à guider l'action gouvernementale ; on y trouvait les hymnes appropriés pour les cérémonies officielles, etc. Les poèmes du recueil (XIIe-VIIe siècle avant notre ère) vont de la musique de cour aux chansons populaires. On y traite aussi bien de l'amour, de la guerre, de l'agriculture, des sacrifices ou des légendes dynastiques.

« Le Vent du nord » est tiré d'une série de chants populaires parlant des joies et des soucis du petit peuple – beaucoup étant des chansons d'amour. La littérature confucéenne, toutefois, a toujours une interprétation morale et ce poème a été traditionnellement perçu non pas tant comme un poème d'amour que comme un cri d'alarme face à une autorité tyrannique et un plaidoyer en faveur de dirigeants justes et bienfaisants. Les deux premières strophes évoquent métaphoriquement des conditions d'oppression ; le renard et le corbeau qui apparaissent dans la dernière strophe sont supposés représenter le mal. En privilégiant le gouvernement par la vertu, les confucéens indiquent que les sujets fuiront un tyran pour un pays gouverné par un dirigeant juste – voir ici l'insistance sur la nécessité d'un départ en toute hâte.

細備箕疇富
貴長
文王百子久
流芳
但憑韻士生

PERSONNAGES SACRÉS

On trouve dans la tradition confucéenne plusieurs figures historiques, mythiques ou plus ou moins légendaires différentes, renommées pour leur sainteté ou leur héroïsme. Ces personnages exemplaires apportèrent à la Chine la culture, les institutions sociales et la bonne manière de gouverner qui firent son ancien âge d'or. C'est vers eux que Confucius se tourna afin de donner forme concrète à la tradition dont il était l'héritier. Leurs vies sont racontées dans les Cinq Classiques.

D'autres individus illustres vécurent bien après cet âge d'or. Ce sont, notamment, les grands penseurs qui transmirent scrupuleusement les idéaux du Maître, de même que des gens ordinaires dont la conduite exceptionnelle leur valut d'être intégrés dans la hiérarchie céleste.

PAGE CI-CONTRE : Gravure du XVIIe-XVIIIe siècle représentant le roi Wen, « roi civilisateur », qui fut l'un des fondateurs de la dynastie des Zhou. On le voit regardant des enfants qui jouent parmi des fleurs de lotus.

On trouve en Chine une abondante mythologie de héros civilisateurs, dont les plus célèbres sont Fu Xi, Shen Nong, et Huang Di. On attribue à Fu Xi la domestication des animaux et l'invention des filets pour la chasse et la pêche. On lui doit également l'art de la divination, avec la conception du système à six traits des huit trigrammes utilisés dans le *Livre des mutations*. Enfin, avec son épouse Nuwa, il inventa le mariage et la famille. Shen Nong, « le laboureur divin », inventa la charrue et la houe et enseigna aux hommes les techniques agricoles. Il découvrit les rudiments de la médecine et de la pharmacologie en déterminant les qualités thérapeutiques de toutes les plantes. Huang Di, l'« Empereur jaune » (voir illustration p. 10), inventa l'art de la guerre et triompha des « barbares », assurant ainsi la sécurité des provinces situées au coeur de l'Empire chinois.

Pour la tradition chinoise, la période suivante, celle des héros civilisateurs, fut l'âge d'or de l'Antiquité, l'époque des « sages rois », plus spécifiquement avec les souverains Shun, Yao et Yu, personnifications du dévouement, de l'intelligence et de la vertu qu'on attend d'un roi. C'est ainsi que voyant qu'aucun de ses fils – dix au total – n'était digne de gouverner, Yao se mit à la recherche de l'homme le plus vertueux du royaume pour lui succéder. Son critère était la piété filiale. Il la trouva dans Shun, qui continuait de servir son père et son beau-frère sans se plaindre, malgré leurs tentatives de lui nuire et même de l'assassiner. Shun devint roi et plus tard lui aussi déshérita ses fils au profit de Yu, fondateur de la dynastie légendaire des Xia (2205-1766 av. J.-C.).

L'histoire de Yu illustre bien la vision chinoise de l'État idéal, caractérisé par un gouvernement bienfaisant et des souverains épris de justice qui s'efforcent de favoriser l'ordre et l'harmonie entre la nature et l'humanité. Yu ne cessa de se livrer à de multiples travaux pour protéger le peuple des inondations, la forme la plus fréquente de la catastrophe naturelle en Chine. Son dévouement à cet égard est si grand qu'il resta absent de chez lui pendant dix ans alors que, disait-on, il était parfois si près de sa maison qu'il pouvait entendre les cris de ses jeunes enfants.

Fidèle assistant du souverain idéal et couvert d'éloges par Confucius, le duc de Zhou (mort en 1094 av. J.-C.) a longtemps été le modèle du parfait serviteur de l'État qui ne cherche jamais à tirer profit de sa situation. Ce duc était le frère du roi Wu, fondateur de la dynastie des Zhou : son respect des obligations familiales et sociales fit de lui un frère cadet exemplaire autant qu'un fils dévoué et un ministre loyal. Après la mort de Wu, le duc exerça durant sept ans la régence au compte du jeune fils de Wu, sans jamais tenter d'usurper le trône, lors même que ses adversaires ne cessaient de l'en accuser. Cet héroïsme est resté populaire si longtemps en Chine que le très respecté Premier ministre communiste Zhou Enlai (1898-1976) avait été surnommé le « duc de Zhou ».

La tradition révère également Confucius et ses plus illustres disciples. En Chine, les premiers temples le vénérant datent de la dynastie des Han, et celui de Qufu – le premier temple confucéen édifié à Qufu en 478 av. J.-C. - sa ville natale, devint un lieu de culte national. Officiellement, cependant, le premier sacrifice en l'honneur du Sage n'eut lieu qu'en 195 av. J.-C., quand l'empereur Han Gaodi (206-195 av. J.-C.) pratiqua sur sa tombe le « Grand Sacrifice » (*daji*) qui impliquait l'offrande d'un bœuf. Les temples confucéens (on en trouvait à la fin de l'Empire dans chaque province chinoise) célébraient sa commémoration aux second et huitième mois de l'année lunaire chinoise. Toutefois, son statut d'être humain – et non de dieu – fut résolument maintenu, en dépit du fait que l'intégration de héros humains dans la bureaucratie céleste n'avait rien d'inhabituel. Aujourd'hui, l'anniversaire de sa naissance est solennellement célébré à Qufu et à Taipei.

L'empereur de Chine Kangxi (1662-1723) fut le protecteur du néoconfucianisme. Son système de digues égala celui de Yu, le roi légendaire « dompteur des inondations ».

Les idéaux confucéens se retrouvent également dans l'exaltation de tel ou tel contemporain méritant. Chaque dynastie a eu son lot de héros et d'héroïnes incarnant la piété filiale, le modèle de l'épouse chaste et dévouée, ou du fonctionnaire vertueux et désintéressé. En Corée et en Chine leurs histoires sont relatées dans des textes comme le *Livre de la piété filiale* ou les *Biographies de femmes héroïques*. On y voit, par exemple, un dénommé Laizi prétendre être encore un enfant à plus de 70 ans pour que ses parents âgés ne se sentent pas vieux ; des jeunes filles se suicidant par fidélité à la mort de leur fiancé, ou une seconde épouse se précipitant dans une maison en feu pour sauver les enfants de la première épouse tout en laissant les siens périr dans les flammes.

Ces idéaux se retrouvent enfin dans le panthéon de la religion populaire. Celui-ci est encore imaginé aujourd'hui sur le modèle du gouvernement impérial confucéen – une bureaucratie céleste qui vient compléter la bureaucratie terrestre d'en bas. Les membres de cette hiérarchie peuvent bien être étiquetés taoïstes, bouddhistes, ou autres, tous ont le même profil du parfait fonctionnaire confucéen. Et si le bureaucrate vertueux de l'empire terrestre peut toujours espérer la faveur d'une promotion, il en va de même dans l'empire céleste. L'exemple le plus fameux reste celui du très populaire Guan Di, héros militaire de la période Han. On le vit ainsi gravir peu à peu, par décret impérial (terrestre) les échelons de la hiérarchie céleste et il continue d'être aujourd'hui le dieu protecteur de quantité de professions et de commerces.

L'apothéose de Guan Di, comme celle d'autres personnages similaires dans le panthéon chinois, montre bien l'influence omniprésente de l'idéologie confucéenne dans l'imagination populaire, et la nature syncrétique d'une religiosité qui associe sans problème les idéaux confucéens à ceux d'autres traditions.

Morceaux choisis des *Entretiens* de Confucius

« 2.4 Le Maître dit : À quinze ans, je résolus d'apprendre. À trente ans, je m'affermis dans la Voie. À quarante ans, je n'éprouvais plus aucun doute. À cinquante ans, je connaissais les décrets du Ciel. À soixante ans, j'avais un discernement parfait. À soixante-dix ans, j'agissais en toute liberté, sans pour autant transgresser aucune règle. »

« 5.25 Zilu : Et vous, Maître, quel est votre idéal ? Le Maître : C'est d'inspirer aux vieux la sérénité, aux amis la confiance, aux jeunes l'affection. »

« 7.7 Le Maître dit : Jamais je ne refuse mon enseignement à qui vient à moi de lui-même – dût-il ne m'apporter qu'un peu de viande séchée. »

« 7.18 Le duc de She questionne Zilu sur Confucius. Le disciple ne répond pas. Le Maître dit à Zilu : Pourquoi ne lui as-tu pas répondu tout simplement : c'est un homme qui, dans son ardeur d'apprendre, en oublie de manger et qui, dans son bonheur de toucher à la Voie, en oublie ses soucis, au point de ne pas sentir l'approche de la vieillesse. »

« 7.19 Le Maître dit : Je ne prétends pas être né avec le savoir. C'est dans ma passion pour les Anciens que je le puise avec ardeur. »

Extraits des *Entretiens de Confucius* (avec la version originale en annexe), traduit et présenté par Anne Cheng, coll. « Points Sagesses »,

Commentaire

Confucius (Kongzi) est né en 552 avant notre ère dans l'État de Lu, aujourd'hui province du Shandong. On pense qu'il était de naissance noble, peut-être issu de la maison royale des Shang ; mais sa propre famille était pauvre et il fut orphelin de bonne heure. Il mourut en 479 (av. J.-C.), à 73 ans. Il est célébré en Asie orientale comme le premier des grands éducateurs.

Source d'informations la plus fiable, les *Entretiens* (*Lunyu*) rapportent des propos échangés entre Confucius et ses disciples. Confucius s'y présente comme quelqu'un qui aime apprendre et se cultiver, dont l'observation scrupuleuse des rites révèle plus de sincérité et de gravité que de formalisme pompeux, et qui est attentif aux autres, particulièrement à ses disciples (Zilu, mentionné dans l'extrait ci-contre, était l'un de ses étudiants favoris). Bien que la plupart de ses enseignements soient centrés sur les activités humaines, il est clair qu'il percevait sa mission civilisatrice comme lui venant du Ciel qui le protégeait et l'inspirait.

天地君親師

PRINCIPES ÉTHIQUES

L'éthique confucéenne, qui a été au fondement des sociétés d'Asie orientale pendant au moins 2 000 ans, vise à l'établissement d'une société harmonieuse ainsi que d'un État vertueux et bienveillant. La réalisation de cet idéal implique la pratique du *li* (rituel et protocole) et du *ren* (vertu d'« humanité »).

Le confucianisme exige que chacun soit traité avec humanité, mais à l'intérieur d'une hiérarchie précise. La piété filiale y est une vertu centrale, de même que le traitement de chacun selon son rang. Les relations les plus importantes sont celles qui unissent le père et le fil, le mari et la femme, le frère aîné et le frère cadet, le souverain et le sujet, les amis entre eux. Cette société ordonnée et harmonieuse suppose que chacun joue convenablement et sincèrement le rôle qui doit être le sien.

PAGE CI-CONTRE : gravure du XIXe siècle représentant un mariage chinois : les promis sont agenouillés devant une tablette honorant le Ciel, la Terre, les parents et les éducateurs. La cellule conjugale joua un rôle central dans la transmission des valeurs confucéennes.

Dans le confucianisme, l'action vise à transformer l'homme afin qu'il ait une attitude morale irréprochable. L'éthique confucéenne met en avant l'idée qu'en se cultivant par l'étude on peut alors avoir les comportements moraux appropriés. Le *li*, « source de toute activité humaine » (*Entretiens*, 1.12) est au cœur de cette éthique, qu'illustre le comportement des sages de l'Antiquité tels qu'ils sont évoqués dans les textes classiques. *Li* signifie tout à la fois « rituel », « bienséance », « étiquette », « cérémonie » ; le mot indique une conduite idéale, une action moralement juste ; *li* désigne ce par quoi on s'attachera à « Tailler, puis limer », à « Sculpter, puis polir », afin de devenir une personne authentiquement morale. Dans le confucianisme, l'éducation est un facteur d'amélioration constante.

Se perfectionner dans les arts (*wen*) – à l'image des sages qui créèrent la poésie, la musique, et les rites – est également une autre façon de se cultiver et donc de s'améliorer. Pour Confucius, approfondir l'étude de la littérature tout en respectant le *li*, c'est véritablement suivre la « Voie ». Ainsi, quand les confucéens s'attachent à maîtriser les beaux-arts, leur raffinement est une marque non seulement de goût esthétique, mais également d'apprentissage moral.

Le *li* fournit un modèle d'action appropriée qui, une fois intériorisé, s'exprime dans les rapports humains. Dans le domaine de l'éthique, le *ren* est le terme auquel Confucius se réfère le plus souvent dans ses *Entretiens*. Le mot dénote la bonté, l'humanité, l'amour, la bienveillance. Le caractère chinois qui l'exprime est composé de deux éléments, l'un signifiant « homme » et l'autre « deux », mettant en valeur l'importance dans la morale confucéenne de la relation unissant deux personnes. Pour les confucianistes le *li* et le *ren* forment conjointement la base du comportement éthique, lequel est fondé sur l'équilibre entre l'effort sur soi pour s'améliorer par l'étude et la spontanéité de sa mise en pratique dans les rapports humains.

L'action inspirée par le *ren* se fait jour dans deux autres vertus : *shu* (la « réciprocité des devoirs ») et *zhong* (la « sincérité »). La première correspond à la règle d'or du confucianisme : « Ce que tu ne voudrais pas que l'on te fasse, ne l'inflige pas aux autres » (*Entretiens*, 15.23). Plutôt que de supposer que l'autre aimera ce que j'aime, il me faut considérer l'acte en question du point de vue de l'autre. Le motif éthique du *zhong* fonde, quant à lui, l'exigence de réciprocité – la sincérité est un sentiment, une disposition intérieure, qui se manifeste par des actes appropriés.

Si l'interaction dans les rapports humains est basée sur le *ren*, les actions particulières s'inscrivent dans une hiérarchie précise (la hiérarchie est considérée comme naturelle et essentielle à la création de l'harmonie). Ses principaux composants et les vertus qui leur correspondent sont résumés dans ce qu'on nomme les « Cinq Relations », à savoir celles entre parent et enfant, frère aîné et frère cadet, mari et femme, entre ami, souverain et sujet. Chaque relation détermine des rôles et des responsabilités spécifiques : un parent doit à un enfant éducation, soin et formation morale ; un enfant doit à ses parents obéissance, respect, et doit également s'occuper d'eux dans leur vieillesse et après leur mort. La relation parent/enfant est le modèle de base des autres relations. Ainsi, la piété filiale (*xiao*) est au fondement de la structure sociale. Mari et femme se doivent assistance mutuelle, le mari en protégeant son épouse et en subvenant à ses besoins, la femme en étant obéissante et en tenant son ménage. Le frère aîné est responsable de ses cadets qui lui doivent déférence (en Asie, les termes de parenté indiquent clairement la place de chacun dans la succession des naissances). La relation entre souverain et sujet est analogue à celle entre parent et enfant. En effet, le souverain doit se montrer attentif et donner ses directives, et le sujet doit être obéissant et loyal. La seule relation pouvant unir des personnes de même rang est celle unissant des amis entre eux, mais là encore une hiérarchisation par l'âge intervient souvent.

Notons que s'ils doivent obéissance et déférence, les subordonnés ont également le devoir de protester contre une éventuelle conduite incorrecte de leurs supérieurs. L'harmonie sociale reste donc le bien suprême et c'est dans cette perspective que s'inscrit la fameuse exigence confucéenne de la « rectification des noms », à savoir que chacun doit bien savoir quelle est sa place dans le réseau des rapports sociaux et se conduire en conséquence.

L'éthique confucéenne est particulièrement importante dans la sphère politique. En tant que souverain et figure paternelle, le dirigeant doit être un modèle de vertu. « La vertu du puissant est comme le vent, celle de l'homme de peu faible comme l'herbe qui, sous le vent, plie et se couche » (*Entretiens*, 12.19). Se perfectionner par la culture et l'éducation, conduire sa vie selon le *li* sont autant de qualités requises pour qui aspire à entrer dans l'administration de l'État. Au besoin, le fonctionnaire doit réprimander l'empereur si son autorité n'est pas vertueuse et démissionner plutôt que de servir un despote : « Lorsque la Voie règne sous le Ciel, montre-toi ; sinon, mieux vaut la retraite »

(*Entretiens*, 8.13). Ainsi, après que les Mongols eurent envahi la Chine et fondé la dynastie des Yuan en 1279, de nombreux dignitaires de la cour impériale choisirent « une retraite vertueuse » plutôt que de servir un souverain « barbare ».

L'universalité de l'éthique confucéenne fut remise en cause aux XIXe et XXe siècles, lors de la confrontation avec la culture occidentale. Beaucoup ont alors espéré que le confucianisme continuerait à fournir les fondements éthiques de la vie sociale ; d'autres l'accusèrent d'être responsable de la faiblesse de l'Asie et appelèrent au démantèlement complet du système idéologique dont le confucianisme était une pièce centrale. D'autres encore espéraient que ses valeurs pourraient s'adapter à la technologie occidentale ; comme on disait en Chine : « Le savoir chinois joue un rôle fondamental, le savoir occidental a un intérêt utilitaire. »

Cet espoir n'a cessé d'être réaffirmé tout au long des cent dernières années. En 1913, la Constitution de la nouvelle République chinoise mettait le confucianisme à la base de la culture et de l'éducation morale ; il en alla de même, plus tard, avec Chiang Kai-shek. Aujourd'hui, à Taïwan et en Corée, certains confucéens prônent le retour aux « valeurs traditionnelles ». Dans les années 1980, l'État de Singapour a introduit l'enseignement

Couvercle de boîte en céramique du XVIe siècle représentant un magistrat de district jugeant une affaire. Représentants locaux du gouvernement, les magistrats étaient imprégnés de morale confucéenne.

systématique de l'éthique confucéenne dans les écoles afin de mettre en valeur les idées de prééminence de l'harmonie sociale et du groupe sur l'individu, de la famille comme unité de base de la société, de la nécessité de la tolérance dans un pays marqué par la diversité religieuse et ethnique.

Daxue (la « Grande Étude »)

“ […] Les choses ont leurs racines et leurs branches […] leurs fins et leurs commencements. Quand on connaît ce qui vient en premier et ce qui vient en dernier, on s'approche de la Voie. Ceux des Anciens qui voulaient montrer au monde leur vertu commencèrent par gouverner leur État ; ceux qui voulaient gouverner leur État commencèrent par mettre de l'ordre dans leurs familles ; et pour cela, commencèrent par se cultiver eux-mêmes ; et pour cela, commencèrent par rectifier leur cœur et leur esprit ; et pour cela, commencèrent par mettre de la sincérité dans leurs pensées ; et pour cela, commencèrent par étendre leur connaissance. L'extension de la connaissance réside dans l'examen des choses.

Quand les choses sont examinées, la connaissance s'étend ; quand la connaissance s'étend, les pensées deviennent sincères ; quand les pensées sont devenues sincères, le cœur et l'esprit sont rectifiés ; quand le cœur et l'esprit sont rectifiés, la personne s'est cultivée, puis la famille est mise en ordre ; quand la famille est mise en ordre, l'État est gouverné ; quand l'État est gouverné, il y a la paix dans le monde entier. ”

Le *Daxue*, d'après la traduction anglaise de Jennifer Oldstone-Moore.

Commentaire

La « Grande Étude » (*Daxue*), qui signifie également « éducation de l'adulte », était initialement un chapitre du *Livre des rites* (l'un des Cinq Classiques). Elle fit partie des textes sélectionnés par le philosophe néoconfucéen Zhu Xi dans sa compilation des Quatre Livres (voir pp. 34-37). Enfin, il s'agit de l'un des premiers textes étudiés par tous les étudiants et on y trouve résumé le programme confucéen visant à équilibrer le développement du moi par l'esprit de responsabilité envers les autres. L'œuvre eut une énorme influence sur la philosophie et l'éthique confucéennes.

Ce programme était réalisé en huit étapes permettant de commencer à mettre en pratique le principe de *ren* (l'« humanité », voir pp. 54-55). La transformation de l'individu par le *ren* débute par le moi pour aboutir à la pacification de « tout ce qui existe sous le Ciel ». Dans ce processus, la capacité à bien discerner « les racines et les branches », « les fins et les commencements », est essentielle. Bien percevoir l'importance respective des choses – comme de connaître ses devoirs à l'égard de chacun, qui vont de la courtoisie envers un étranger à l'obéissance à ses parents – était au cœur de cette morale.

CHAPITRE SIX

LIEUX SACRÉS

Il est rare que le confucianisme fasse une distinction entre le sacré et le profane. Le sacré peut se rencontrer autant dans la nature que dans les temples, sur les autels, ou chez soi. Les seuls lieux désignés comme sacrés sont essentiellement ceux où s'accomplissent les rites – des sites les plus simples au site impérial où se déroulent de grandes cérémonies.

Depuis la fin de l'État confucéen traditionnel, beaucoup de temples ont disparu ou sont tombés en désuétude. Certains, cependant, ont été restaurés et, en 1988, un nouveau temple confucéen a même été inauguré en Corée, dans le comté d'Andong, donnant lieu à de somptueuses cérémonies au cours desquelles furent installées les tablettes rituelles de dix-huit disciples chinois et de dix-huit lettrés coréens adeptes du confucianisme.

PAGE CI-CONTRE : Le pont de Jade du temple de Confucius à Qufu, dans la province du Shandong. Bâti en 478 av. J.-C., l'ensemble comporte des centaines de constructions, dont le tombeau de Confucius dans le cimetière familial des Kong.

Monuments dédiés à des êtres humains plutôt qu'à des dieux, les temples confucéens servent à honorer Confucius et ses disciples. Généralement, d'ailleurs, on n'y trouve ni statues ni images de figures célestes, mais seulement des tablettes, objets de vénération, portant les noms de Confucius et de quelques-uns de ses adeptes les plus illustres.

Traditionnellement, les membres de l'administration de l'État honoraient le Maître en lui offrant des sacrifices deux fois par an, au moment des équinoxes. La cérémonie la plus importante célébrait l'anniversaire de sa naissance, encore fêté aujourd'hui dans les temples confucéens. L'événement a lieu habituellement le 28 septembre, appelé le « Jour du Maître » à Taïwan. Lors de cette célébration, les participants portent le costume traditionnel, dansent, jouent de la musique et offrent des sacrifices.

L'architecture d'un temple confucéen rappelle celle du palais de l'empereur, avec, notamment, son axe nord-sud sur lequel s'alignent les salles importantes. La base est de forme carrée et à l'intérieur la symétrie est de rigueur ; chaque mur renvoie comme en miroir à son vis-à-vis, traduisant ainsi la notion d'ordre chère à Confucius. Ces temples étaient des lieux publics où, par exemple, les résultats aux examens de l'administration impériale étaient affichés. On les utilisait également pour enseigner les rituels et la musique.

Le premier temple confucéen fut construit à Qufu, dans la province du Shandong, en 478 av. J.-C., l'année qui suivit la mort de Confucius. Mais On ne commença à y pratiquer des sacrifices officiellement qu'en 195, avec le Grand Sacrifice offert à Qufu par l'empereur Han ; les Han firent ensuite du confucianisme un culte public. La demeure familiale des Kong est adjacente au temple : les descendants directs du Maître y habitèrent à partir du Ier siècle av. J.-C., quand le pouvoir Han dota la famille d'un fief et d'un titre. Les dynasties ultérieures apportèrent elles aussi leur soutien au temple et à la famille en lui octroyant terres et pensions.

Pour les confucianistes, les écoles et les collèges furent également des lieux importants. Ils s'agissaient des centres de formation morale, fournissant le cadre et les moyens appropriés à la mise en pratique du précepte de Zhu Xi, à savoir « examiner les choses » ; les lettrés confucéens pouvaient y vivre en communauté et on y pratiquait les rites en l'honneur du Grand Sage. Des écoles subventionnées par l'État furent aussi ouvertes en Corée, en Chine et au Vietnam. En Chine, bien que les plus riches eussent plus facilement accès à l'éducation, la plupart des dynasties cherchèrent à promouvoir les

Rite annuel en l'honneur de Confucius au sanctuaire de Munmyo, à Séoul, cœur du confucianisme coréen.

étudiants les plus brillants, quels que soient leur origine ou leurs moyens. Les écoles étaient dirigées par des hommes ayant reçu une éducation classique confucéenne ou qui, ayant réussi aux examens impériaux, n'avaient pas reçu d'affectation à un poste de fonctionnaire. Dans la Chine et la Corée pré-modernes, ces collèges furent souvent des établissements d'enseignement supérieur où des lettrés et leurs disciples s'assemblaient pour discuter de la pensée confucéenne et compiler, préserver et, aux époques plus récentes, publier des textes. Les lettrés rattachés à un collège pouvaient se voir attribuer un logement et un traitement. Certains de ces collèges existent encore aujourd'hui, comme l'université coréenne de Séongkyunkwan, autrefois le centre des études confucéennes de Séoul, qui continue de pratiquer les rites confucéens deux fois par an et qui contrôle toujours, théoriquement, les écoles confucéennes locales (plus de 200).

Au sud du palais impérial de Pékin se trouve un grand ensemble sacré qui fut l'un des sites les plus saints de la Chine impériale : le Temple du Ciel. L'empereur y accomplissait des rites comme les sacrifices annuels lors du solstice d'hiver, quand l'énergie *yin* est à son comble et que le *yang*, qui apporte la chaleur, la lumière et la croissance, commence juste à resurgir. En tant que Fils du Ciel, seul intermédiaire entre le Ciel (Tian) et l'Empire (Tin Xia, « tout ce qui existe sous le ciel »), lui seul pouvait accomplir ces sacrifices qui contribuaient à assurer l'ordre du cosmos.

Le Temple du Ciel était un lieu sacré et les membres du peuple n'étaient pas autorisés à regarder la procession silencieuse de l'empereur et de son entourage allant du palais impérial au temple. Lors de la cérémonie du solstice d'hiver, l'empereur offrait de l'encens, du jade, de la soie et du vin. Il sacrifiait un bœuf roux, symbolisant le *yang*, et se prosternait neuf fois (neuf est considéré comme le plus *yang* des nombres) devant l'autel du Ciel.

Pour la plupart des gens, toutefois, les lieux sacrés les plus importants restent le sanctuaire familial et l'autel des ancêtres. Le foyer familial est l'élément de base de la pratique confucéenne, car c'est là qu'interviennent les relations fondamentales, là que les individus apprennent ce qui les transformera en membre vertueux d'une famille et de la société. L'autel, où peuvent résider les dieux et les esprits aussi bien que les ancêtres familiaux, se situe habituellement dans la pièce principale de la maison. Des manuels de procédures rituelles indiquent de manière très précise l'emplacement correct des tablettes portant les noms des ancêtres, leurs dates de naissance et de décès, et souvent le nombre de leurs fils.

Le confucianisme affirme le caractère sacré de l'univers. La destinée humaine, qui se réalise dans l'accomplissement des fonctions sociales dévolues à chacun, fait autant partie de l'ordre cosmique que tout autre aspect de la nature. Les vertus humaines s'inscrivent dans la création elle-même, à l'image des nœuds disposés régulièrement sur un bambou, symbole de constance. Certains éléments du paysage – rivières, grottes, montagnes – sont supposés posséder un pouvoir spirituel. En Chine, le Taishan, la plus importante des cinq montagnes sacrées, était garant de fécondité, protégeait des catastrophes naturelles et était un symbole de stabilité. Son culte était célébré au printemps et en automne, afin d'assurer une plantation favorable et une abondante récolte.

Selon la pensée confucéenne, les liens entre l'homme et le Ciel ainsi que la sensibilité de ce dernier aux affaires humaines se vérifiaient dans la nature. L'empereur recevait Le Mandat du Ciel qui l'autorisait à gouverner, mais à condition que son autorité soit vertueuse et qu'il accomplisse ses obligations rituelles. Sa bonne gouvernance se vérifiait dans le mouvement régulier et prédictible des corps célestes, dans la bonne croissance des cultures et le maintien de l'ordre dans l'empire. En effet, si le Ciel n'était pas satisfait de l'empereur, l'harmonie et les rythmes réguliers des mondes naturel et humain étaient perturbés. Les mauvais présages, tels que tremblements de terre, inondations, famines, sécheresse, révoltes, indiquaient le mécontentement du Ciel. Si ces manifestations persistaient, ils pouvaient finalement légitimer la destitution de l'empereur.

Le Collège National

« Au lever du jour chaque matin, au battement du tambour, le directeur et les instructeurs du collège rassemblent les étudiants dans la cour [...] les étudiants entrent dans la grande salle où ont lieu les cours et les discussions sur les Classiques. Ils étudient, délibèrent, et s'aident les uns les autres à parvenir à la pleine compréhension des rapports entre souverain et ministre, père et fils, mari et femme, frère aîné et frère cadet, ami et ami. Pendant des jours et des mois ils travaillent et restent unis pour apprendre [...] C'est de ces étudiants que sortiront en nombre les ministres loyaux et les bons fils qui serviront l'État et leurs familles. [...] Certains objectent que les enseignements du sage étant multiples, il n'y a pas de raison que cette salle soit la seule à être appelée Salle de l'Illustration des Principes Cardinaux. Je leur réponds : Les relations entre souverain et ministre, père et fils, mari et femme, frère aîné et frère cadet, ami et mai, s'enracinent dans le principe céleste, elles sont donc immuables et éternelles. Comment peut-il y avoir enseignement plus important que celui-là ? »

Extrait de *Sinjûng yôgi sûngnam*, d'après la traduction anglaise de Yongho Ch'oe, cité in *Sourcebook of Korean Civilization*, vol. 1, publié par Peter H. Lee, Columbia University Press, New York, 1993, pp. 523-524.

Commentaire

Deux des traits caractéristiques de la tradition confucéenne apparaissent dans le texte ci-contre : l'aspect de l'existence quotidienne et la diffusion de l'éthique confucéenne dans tous les secteurs de la culture et de la société. Le noyau de l'enseignement au Collège National de la Corée du XVIe siècle était le même que pour les « sages rois » de l'Antiquité chez Confucius (voir pp. 44-45) à savoir, les « Cinq Relations », considérées comme le fondement de tout développement intellectuel et moral. On attendait des professeurs qu'ils soient des maîtres exigeants et sévères, car on pensait que le sort de la société et de l'État était entre leurs mains.

Pour le lettré néoconfucéen Zhu Xi (1130-1200), tous les hommes partagent la même nature, et tous doivent donc recevoir une éducation convenable. À cette fin, écoles et collèges proliférèrent, de statut privé ou public, allant des universités nationales aux écoles régionales les plus humbles. Durant l'ère Choson (ou Yi, 1392-1910), la Corée développa un système éducatif exemplaire, au point que des fonctionnaires de la cour dispensaient au souverain des « cours royaux » reprenant l'idéal confucéen selon lequel c'est un monarque cultivé et éclairé qui peut le mieux servir le peuple.

CHAPITRE SEPT

RITES ET FÊTES

En Asie orientale, la répartition des fêtes varie énormément selon les régions. Mais l'importance fondamentale donnée à la famille est commune à la Chine, à la Corée, au Japon et au Vietnam, quelles que soient les traditions religieuses – bouddhiste, taoïste, shintoïste ou confucianiste. Le confucianisme a toujours marqué profondément les cérémonies religieuses de ces pays, et le calendrier chinois a intégré les pratiques du culte public se rattachant à la tradition confucéenne.

Dans le monde confucéen, le succès et la réussite dépendent de la capacité de l'individu à faire concorder ses actes avec les forces cosmiques – si l'on veut avoir un comportement favorable et remplir ses obligations au bon moment, il est essentiel de connaître les paradigmes temporels et d'agir en conséquence.

PAGE CI-CONTRE : Offrandes d'encens en l'honneur des morts à la fête de Qingming, qui a lieu deux semaines après l'équinoxe de printemps. La fête met l'accent sur l'unité de la famille et le renouvellement des liens avec les morts.

En Chine, le temps est calculé selon un système complexe qui mêle les calendriers solaire et lunaire. On y retrouve sous-jacente l'ancienne cosmologie du *yin-yang*, avec ses phases croissantes (*yang*) et décroissantes (*yin*) de la Lune ainsi que le cycle saisonnier de l'année agricole. Le calendrier lunaire comporte douze mois, auxquels s'ajoutent des mois intercalaires tous les deux ou trois ans. L'année solaire se divise en vingt-quatre périodes d'environ quinze jours, appelées « nœuds » ou « souffles ». Ces « souffles » correspondent aux changements climatiques et aux mouvements des astres durant l'année : huit de leurs noms désignent les équinoxes, les solstices et les débuts d'une nouvelle saison ; d'autres évoquent des phénomènes, météorologiques ou non, importants ayant une incidence sur la vie agricole, comme « les Insectes se réveillent » (début mars), « la Chaleur se termine » (fin août), ou « les Gelées arrivent » (fin octobre).

Les années sont intégrées dans un cycle de douze ans représentés par les animaux du zodiaque chinois. Ce cycle fait lui-même partie d'un cycle de soixante ans, lequel met en correspondance les animaux du zodiaque, les Cinq Couleurs (bleu, rouge, jaune, blanc et noir) et deux groupes de symboles : les Dix Troncs célestes et les Douze Branches terrestres. Chaque animal est associé à une branche et chaque couleur à deux troncs. Ainsi, l'an 2000 était l'année du dragon blanc et 2012 sera l'année du dragon noir. La première année du cycle de soixante ans correspond à l'année du rat bleu, *jiazi* (1984 a été la dernière en date).

De nombreuses célébrations importantes interviennent dans le cours d'une année chinoise. Ces célébrations, même si elles ne relèvent pas toutes du confucianisme au sens strict, restent fortement marquées par les idéaux confucéens : désir d'avoir des enfants, désir d'unité familiale ou encore d'harmonie. Ces thèmes sont associés à ceux d'autres traditions religieuses, comme les souhaits d'avoir une longue vie, d'échapper à l'enfer ou d'être protégé contre des forces malveillantes.

Le jour férié le plus important du calendrier chinois, célébré dans toute l'Asie orientale, est le Nouvel An lunaire, ou fête du printemps, qui marque le retour des forces créatrices du *yang* après le triomphe du *yin* au solstice d'hiver. La fête commence le premier jour du premier mois lunaire, habituellement entre le 21 janvier et le 19 février. Tous les membres de la famille reviennent au foyer, les dettes sont payées et les différends réglés. On prépare des nourritures de saison, tandis que la maison est complètement purifiée des souillures de l'année passée et des « souffles défavorables », avant d'être décorée de symboles et de formules propitiatoires écrites en rouge. La veille du Nouvel An, toute la famille se rassemble pour un banquet. Autour de la table, une place est réservée aux membres de la famille décédés, qui sont présents en

Lors de la visite annuelle du tombeau de Fu Xi, grande figure ancestrale chinoise, des villageois prient autour d'un hexagramme dont Fu Xi était réputé avoir découvert la forme dans l'Antiquité.

esprit. Après avoir scellé la porte pour interdire l'entrée des esprits mauvais, la famille bavarde et joue à des jeux toute la nuit, en évitant soigneusement les mots ou les sujets qui pourraient fâcher. À minuit, le sceau de la porte est brisé en signe de bienvenue aux « souffles du printemps ». Durant les deux premiers jours de l'année personne ne doit travailler, et on s'interdit de balayer ou d'utiliser des instruments coupants par crainte de « chasser » ou de « blesser » la chance annoncée par le Nouvel An. Après deux semaines de réjouissances, le dernier soir est marqué par la fête des Lampions qui célèbre la première pleine lune de la nouvelle année.

La fête du Qingming intervient deux semaines après l'équinoxe de printemps. Théoriquement, toute la famille se réunit pour nettoyer ses tombes et partager un pique-nique. Les offrandes comportent les aliments favoris des défunts, ainsi que les « nouilles de longue vie » et autres nourritures symbolisant les bienfaits apportés par les ancêtres et les espoirs de la famille. Ces offrandes sont accompagnées de baguettes et de condiments, comme pour un repas normal. Une fois que les ancêtres ont consommé l'« essence spirituelle » de la nourriture, les membres vivants de la famille mangent ce qui reste. La fête de Qingming est l'occasion de montrer publiquement l'unité de la famille que la mort ne saurait détruire.

Les autres jours fériés les plus largement célébrés sont ceux du Double-Cinq, du Fantôme Affamé et de la Mi-Automne. Le Double-Cinq tombe le cinquième jour du cinquième mois lunaire, aux abords du solstice d'été, quand les forces du *yang* sont à leur apogée annuel. Saison traditionnelle des épidémies, c'est le moment de prévenir le danger en utilisant les herbes et plantes médicinales suspendues aux portes d'entrée, sans oublier les « Cinq Poisons » (le mille-pattes, le serpent, le scorpion, le crapaud et le lézard) dont les pouvoirs peuvent vous sauver. C'est aussi la saison des grandes pluies, pendant lesquelles on repique les plants de riz dans les rizières. Selon la tradition, les pluies sont causées par des dragons qui donnent à la terre sa fertilité.

Les fameuses courses des « bateaux-dragons » organisées à l'occasion du Double-Cinq rappellent cette croyance ainsi que la légende de Qu Yuan. Après avoir conseillé une mesure impopulaire, ce poète et ministre désintéressé de la dynastie des Zhou fut envoyé en exil. Le cœur brisé, il se jeta dans le fleuve Miluo (province actuelle du Hunan). Des gens coururent après lui en bateau mais ne purent le sauver ; ils jetèrent alors du riz dans l'eau afin de détourner les poissons de son corps. La tradition veut que les courses de bateaux-dragons rappellent le souvenir de ce dramatique événement. Le riz jeté aux poissons est représenté aujourd'hui par les *zongzi*, boulettes de riz gluant enveloppées dans des feuilles de bambou.

Comme pour la fête du Qingming, les esprits des défunts sont au centre de la fête du Fantôme Affamé, laquelle tombe le quinzième jour du septième mois. La différence est que, cette fois, ceux qu'on cherche à se concilier sont des morts rancuniers. En effet, la coutume populaire veut que les portes de l'enfer soient ouvertes pendant le septième mois de l'année ; les fantômes doivent alors être apaisés par des offrandes de nourriture. Dans les cérémonies bouddhistes et taoïstes on les exhorte ainsi à se détourner du mal. Contrairement à ce qui se passe lors de la fête du Qingming, où les ancêtres sont choyés, la nourriture servie aux fantômes est grossière et ne demande que peu de préparation.

La fête de la Mi-Automne se situe au moment de la pleine lune, le quinzième jour du huitième mois lunaire. Fête de la Moisson, elle est l'occasion de se réunir en famille. Elle célèbre aussi la Lune et la quête de l'immortalité. Dans la mythologie chinoise, la lune est habitée par la déesse Chang'hé et par un lapin en train de broyer éternellement des herbes spéciales pour fabriquer l'élixir d'immortalité. Au cours de la fête, on dresse une table en plein air, chargée de « gâteaux-lunes » et de fruits sphériques, comme les oranges et les melons. Toute la famille se rassemble alors pour regarder les moissons et réciter des poèmes et des contes ayant trait à la Lune.

Les cérémonies religieuses chinoises sont centrées sur la famille et la communauté plutôt que sur l'individu. Outre la mort, moment qui voit une personne accéder au rang d'ancêtre, le rite de passage le plus important est le mariage, qui perpétue la famille par l'espoir d'une descendance. Traditionnellement, un mariage devient officiel une fois que le couple s'est incliné devant les tablettes ancestrales du marié. Il s'agit ici d'une manière de présenter la mariée aux ancêtres de son mari et de maintenir le lien entre les vivants et les morts. D'autres cérémonies interviennent à mesure que grandissent garçons et filles, mais celles-ci ne sont pas de première importance et avec le temps elles finissent par ne plus être célébrées que juste avant le mariage. Il n'en va pas de même, en revanche, pour l'anniversaire des soixante ans qui reste important, car il symbolise l'achèvement du cycle des années.

Les cérémonies véritablement confucéennes étaient celles consacrées au culte public qui étaient assurées par l'empereur et ses représentants désignés, les lettrés de l'administration impériale. Ayant leurs racines dans l'Antiquité chinoise, ces rites solennels illustraient la convergence entre l'idéal de piété filiale et celui d'un gouvernement vertueux, mandaté par le Ciel. Dans sa capitale, l'empereur faisait des offrandes aux forces célestes et terrestres. Les cultes du Ciel et de la Terre aux solstices d'hiver et d'été étaient les plus importants.

L'empereur étant l'intermédiaire entre le Ciel, la Terre, et les hommes, les sacrifices qu'il offrait à cette occasion maintenaient un bon équilibre entre les forces du cosmos et l'humanité. Fils symbolique du Ciel et de la Terre, l'empereur s'agenouillait et se prosternait devant ces puissances en signe de piété filiale, de la part de tout son peuple. Lors de la fête du Qingming, la cérémonie mettait plus spécifiquement l'accent sur les liens unissant l'empereur à ses ancêtres.

Le culte officiel des grandes forces cosmiques était de la responsabilité du seul empereur ; quiconque se serait risqué à faire de même aurait été accusé de rébellion. La mise au point du calendrier était également une prérogative impériale. L'organisation des rites et des fêtes était déterminée par un almanach annuel publié par le Bureau de l'astronomie (qui dépendait du ministère des Rites) qui présidait également les événements célestes à venir. La justesse de ces prédictions était le signe que l'harmonie régnait entre l'empereur et le Ciel. Tout événement cosmique inattendu pouvait être interprété comme l'annonce que le souverain allait bientôt perdre le Mandat que lui avait attribué le Ciel.

Prière au Seigneur d'En Haut, Shang Di

« Autrefois au commencement, il y avait le grand chaos, informe et sombre. Les Cinq Éléments n'avaient pas commencé à tourner, ni le soleil et la lune à briller. Parmi tout cela n'existait ni forme ni son. Et Tu vins en Ta préséance, et en premier tu séparas les parties les plus grossières des plus pures. Tu fis le ciel ; Tu fis la terre ; Tu fis l'homme. Toutes choses avec leur pouvoir de reproduction, reçurent leur être [...]

Tu as bien voulu, ô Té [Shang Di] nous entendre, car Tu nous regardes comme un Père. Moi, Ton enfant, stupide et sans savoir, suis incapable de Te dire mon obéissance. Je Te remercie d'avoir accepté le signe. Honorable est Ton grand nom. Avec révérence nous répandons ces gemmes et ces soies, et comme les hirondelles se réjouissant au printemps, louons Ton amour abondant [...] La viande a été bouillie dans les grands chaudrons, et les choses odorantes préparées. Agrée l'offrande, ô Té, et tous seront heureux. Comme je le suis, moi Ton serviteur, recevant Tes faveurs. »

James Legge, *The Notions of the Chinese Concerning Gods and Spirits*, Hong Kong, 1852, p. 28. D'après la traduction anglaise de Jennifer Oldstone-Moore.

Commentaire

Dans la cosmologie du *yin-yang*, le temps est plus cyclique que linéaire ; les rites annuels du solstice d'hiver à l'Autel du Ciel assuraient la pérennité des cycles temporels. Il s'agissait d'actes de vénération de la plus haute importance, et le rang accordé à Shang Di, dieu suprême, exigeait que l'empereur procède d'abord à de longs rites de purification. Ceux-ci accomplis, la cérémonie commençait avant le lever du soleil, au solstice d'hiver, et comportait une grande procession, de riches offrandes et d'humbles prosternations.

Tous ces rites exigeant un « timing » rigoureux, différents services du ministère des Rites préparaient minutieusement un calendrier rituel des jours sacrés et favorables (ce genre d'almanach est toujours utilisé dans toute l'Asie orientale). Ce calendrier était ensuite envoyé aux magistrats locaux et aux services publics afin de garantir le bon fonctionnement des pratiques rituelles. Concernant le rôle de l'empereur à l'Autel du Ciel au solstice d'hiver, notons que le temps et l'espace s'entrecroisaient en sa personne et en ses actes, de sorte que les flux et reflux du *yin* et du *yang* continuent d'opérer en douceur et que la force *yang* du printemps puisse revenir.

CHAPITRE HUIT

MORT ET VIE DANS L'AU-DELÀ

En Asie orientale, les différentes attitudes face à la mort et à la vie dans l'au-delà sont le reflet des croyances issues des grandes traditions religieuses de la région. Le confucianisme n'est pas directement concerné par la croyance en une vie *post mortem*, mais la notion confucéenne de piété filiale joue cependant un rôle essentiel dans la compréhension de la survie des morts et dans les responsabilités des vivants à leur égard. Plusieurs propos de Confucius témoignent de sa répugnance à spéculer sur un monde des esprits, préférant insister sur la responsabilité des hommes dans cette vie.

Pourtant, la vénération des ancêtres et les offrandes pour apaiser les fantômes sont autant de rites confucéens qui s'inscrivent dans la longue histoire des communications avec l'autre monde.

PAGE CI-CONTRE : Portrait d'ancêtre, fin du XVIIe ou début du XVIIIe siècle. Les Chinois ont longtemps cru que les ancêtres protégeaient les vivants. Confucius mit ainsi l'accent sur la vénération des ancêtres, enseignant qu'elle pouvait jouer un rôle important en assurant la continuité des générations.

Bien qu'il soit difficile de parler des idées confucéennes sur la vie après la mort indépendamment des autres traditions religieuses en Asie orientale, le confucianisme n'en a pas moins marqué les attitudes qui prédominent face à la mort.

Ces attitudes s'expriment tout particulièrement à travers Les rites de vénération des ancêtres, qui sont depuis des millénaires un trait caractéristique des cultures asiatiques. L'importance accordée aux morts et aux moyens de communiquer avec eux remonte pour le moins à la dynastie des Shang (env. 1766-1050 av. J.-C.), à partir de laquelle on suppose que s'établit une étroite relation entre les vivants et les morts, avec des rites ayant pour fonction de jeter un pont entre les uns et les autres. Rituels et sacrifices furent ensuite codifiés sous la dynastie des Zhou (1050-256 av. J.-C.), et faisaient partie du *li* révéré par Confucius.

Les premiers confucéens s'attachèrent à déterminer les obligations et le comportement qu'on devait avoir à l'égard des aïeux décédés, bien plus qu'à décrire le sort des défunts ou la nature de la vie dans l'au-delà. Confucius voulait créer une société vertueuse et voyait dans les rites une expression de la piété filiale révélatrice de l'amour dont les aïeux doivent être l'objet. Ces rites valaient pour tous, sans considération de rang social, et comme tous les autres aspects du *li*, ils avaient une visée morale : leur extrême importance est liée au fait qu'on y voyait un moyen de créer une société ordonnée et harmonieuse.

Les premiers confucéens supposaient également l'existence d'une vie *post mortem*, mais les quelques commentaires de Confucius sur ce sujet marquent une certaine répugnance à entrer dans les détails. Il parle avant tout du respect qu'on doit avoir pour les esprits tout en s'en tenant fermement à la réalité humaine et aux devoirs des hommes ; il traite même de simples flatteurs ceux qui offraient des sacrifices à des ancêtres qui n'étaient pas directement les leurs. Dans un célèbre passage des *Entretiens*, il déclare : « Tant que l'on ne sait pas servir les hommes, comment peut-on servir leurs âmes ? [...] Tant que l'on ne sait pas ce qu'est la vie, comment peut-on savoir ce qu'est la mort ? » (11.11). Ce genre de réserve était caractéristique des élites face à une multitude de pratiques et de croyances qui faisaient partie de la tradition populaire – elles-mêmes privilégiaient au contraire les exemples de personnages vertueux, le service de l'État, et l'étude des lettrés dont les œuvres ont traversé les siècles.

Il reste que pour les gens instruits comme pour le petit peuple les rituels funéraires étaient d'une extrême importance. Les plus élémentaires étaient et restent les rites quotidiens à l'autel domestique, lequel est à bien des égards le lieu géométrique de l'unité familiale, englobant toutes les générations, les vivants et les morts. L'autel contient les tablettes dans lesquelles les esprits des ancêtres résideraient : on y a enregistré les noms, les dates de naissance et de décès, le nombre de fils de chacun des ancêtres.

Les ancêtres sont traités comme les membres de la famille proche, on s'adresse à eux, on les informe des naissances, des morts, des fiançailles, des projets de voyage et d'affaires. Théoriquement, ce sont les aïeux de l'homme le plus âgé dans la famille qui sont représentés sur l'autel, mais dans certaines circonstances d'autres tablettes sont admises. Par exemple, dans une famille qui n'a pas de fils, une fille peut placer les tablettes de sa famille d'origine sur l'autel de son mari.

Plusieurs générations (entre trois et cinq) sont inscrites sur les tablettes. Deux fois par jour on offre de l'encens. Le jour anniversaire de leur mort et certains jours de fête, comme le Nouvel An et la fête de la Mi-Automne, on peut également leur offrir à manger, à boire, ainsi que « l'argent des esprits » (argent acheté spécialement dans ce but) et des vêtements de papier. Durant le rite funéraire, on donne également au mort

Fumées d'encens et offrandes devant le tombeau de Fu Xi, l'« Ancêtre du Genre Humain », à Zhoukou.

des choses utiles comme, une voiture, une maison, des meubles etc., le tout en papier. La nourriture et la boisson une fois offertes, les ancêtres sont supposés en consommer l'« essence » et en laisser la partie matérielle à la famille qui s'en régalera. Les objets de papier ainsi que l'« argent des esprits » sont brûlés afin qu'ils montent en fumée vers les ancêtres. En retour, ceux-ci accordent des bienfaits à leurs descendants – fécondité, chance, harmonie.

À mesure que passent les générations, les tablettes les plus anciennes sont placées dans une salle dite « ancestrale », commune à plusieurs ménages de la même famille. La dévotion aux ancêtres prend ici un sens plus collectif et une tournure plus formaliste, car ce ne sont plus les liens émotionnels qui dominent, ni l'attachement qu'on avait pour un parent récemment décédé. Il existait d'ailleurs des manuels qui codifiaient tous les détails de la procédure à suivre pour l'installation de l'autel familial et de la salle ancestrale.

La nature exacte de l'âme révérée dans les tablettes reste très vague, tout comme sont incertaines les frontières matérielles entre les vivants et les morts. En effet, les habitants du monde des vivants et de celui des morts sont composés de la même force vitale (*qi*) sous ses formes *yin* et *yang*. Le nombre des âmes possédées par un individu est variable, mais depuis les temps les plus reculés on croit que chacun en a au moins deux : une âme *hun*, constituée de *yang qi,* et une âme *po*, faite de *yin qi*. Au moment de la mort, l'âme *hun*, qui représente l'aspect intellectuel et spirituel de l'âme, quitte le corps et s'élève vers le haut en raison de sa nature *yang* et finit par venir séjourner dans les tablettes ancestrales. L'âme *po*, dotée d'énergie *yin*, s'enfonce dans le sol. Elle demeure avec le corps, à condition que les funérailles aient été faites selon les rites et que des offrandes funéraires lui soient apportées.

Les ancêtres sont autant d'esprits que la famille doit se concilier. Ceux dont on ne s'est pas occupé comme il faut après leur mort – par négligence ou absence de descendants – et ceux qui sont morts prématurément ou de mort violente, deviennent des fantômes ; ils sont assimilés à des bandits ou des vagabonds de l'autre monde et considérés comme des forces malveillantes, dangereuses, qui ont besoin d'être apaisées. Il suffit que les funérailles n'aient pas été conduites correctement pour qu'un ancêtre devienne un esprit malfaisant ; où que sa mort ait été anormale, ou qu'on n'ait pas réussi à se concilier son esprit. Auquel cas l'esprit du défunt hantera les vivants comme un fantôme jusqu'à ce que des mesures appropriées aient été prises.

Le remarquable syncrétisme caractéristique des religions d'Asie orientale se manifeste dans les multiples conceptions sur le sort attribué à l'âme après la mort, dont certaines sont apparemment contradictoires. Ainsi, bien que l'âme *po* du défunt séjourne dans la tombe, elle est également censée descendre en enfer où elle sera jugée et condamnée pour ses péchés avant d'être punie et, éventuellement, réincarnée. Bien que la notion d'enfer ait existé dans la Chine d'avant le bouddhisme, il est évident que cette conception du sort de l'âme *post mortem* est profondément influencée par les croyances bouddhistes.

À leur arrivée aux enfers, les âmes sont jugées par les Dix Magistrats, représentés dans les costumes de l'ancienne justice impériale, qui président les Dix Tribunaux des enfers, chacun étant spécialisé dans un type de crime. Les familles peuvent abréger le séjour de leurs morts par des offrandes et des bonnes œuvres, comme par exemple en récitant des *sutra* bouddhistes. Le ciel et l'enfer sont tous les deux perçus comme des bureaucraties dont les fonctionnaires sont les équivalents célestes des lettrés fonctionnaires confucéens du monde terrestre.

Le recours aux chamans et aux médiums est un autre exemple de la manière dont le confucianisme a pu être associé à d'autres pratiques religieuses dans l'aménagement du rapport à la mort. Des ancêtres malheureux peuvent être les responsables des malheurs qui accablent une famille. Dans ce cas, cette dernière fait appel à un chaman ou à un médium qui lui communiquera les griefs des morts. Bien que cette pratique ait été critiquée par les élites, le fait qu'elle soit répandue dans toute l'Asie orientale montre bien qu'on y voyait un moyen populaire de restaurer l'harmonie familiale en rectifiant une attitude incorrecte vis-à-vis des morts.

Ces rites sont encore en vigueur en Chine aujourd'hui, bien qu'ils aient été déconseillés par le parti communiste (lequel promeut l'athéisme). En fait, leur observance dans les pays communistes dépend de l'atmosphère politique du moment. Avec l'arrivée des Jésuites en Chine au XVIe siècle, les rites confucéens se virent contestés par les chrétiens qui se demandèrent si cette vénération des ancêtres était une simple commémoration ou s'il s'agissait d'une adoration des esprits, l'orthodoxie catholique autorisant les rituels tant qu'il s'agit de commémorations. Quoi qu'il en soit, les chrétiens d'Asie orientale continuent de pratiquer ces rites qui sont essentiels à leurs traditions et à leur identité. Au Japon, les rites sont accomplis sur l'autel bouddhiste domestique, mais une sensibilité confucéenne n'en marque pas moins le cérémonial. En Corée du Sud, ils sont largement pratiqués, et nombre de foyers possèdent des manuels indiquant de quelle manière il convient de procéder. La pratique de ces rituels est coûteuse, en argent comme en temps, aussi, en 1980, le gouvernement coréen promulgua une directive sur les rituels familiaux afin d'en restreindre les coûts. Mais cette loi est restée pratiquement sans effet, tant ces rites restent un moyen fondamental d'exprimer la piété filiale et l'unité de la famille.

Les Rituels familiaux de Zhu Xi

« Quand un homme vertueux bâtit une maison, sa première tâche est toujours d'installer une salle pour les offrandes à l'est de la pièce principale. Quatre autels destinés aux tablettes des ancêtres y sont aménagés ; les parents collatéraux morts sans descendance peuvent être associés aux offrandes qui leur sont faites. Une fois la salle installée, le maître vient y faire une visite, tôt le matin. Allées et venues y sont toutes enregistrées. Au Nouvel An, aux solstices et à chaque jour de nouvelle et de pleine lune, on y fait une visite. Aux fêtes coutumières, des aliments de saison sont offerts, et lorsque se produit un événement, on vient en rendre compte. Qu'il y ait inondation, incendie, attaque de voleurs ou de bandits, la salle d'offrande est la première chose à sauvegarder. Les tablettes, les manuscrits héréditaires, puis les instruments pour les sacrifices, devront être déplacés ; ensuite, seulement, peuvent être emportés les objets de valeur de la famille. À mesure qu'une génération succède à une autre, les tablettes sont mises à jour et posées à leurs nouveaux emplacements. »

Chu Hsi's Family Rituals, Princeton University Press, Princeton, 1991, p. 5, d'après la traduction de Patricia Buckley Ebrey.

Commentaire

Les ouvrages classiques sur les pratiques rituelles, comme le *Livre des rites*, furent valorisés par la tradition confucéenne dans la mesure où s'y exprimait la sagesse des Anciens et où on y trouvait un guide pour des rituels orthodoxes. Toutefois, leurs prescriptions héritées de l'Antiquité chinoise étaient difficiles à appliquer. Conscient que ces rites étaient trop compliqués et trop coûteux pour la plupart des gens, et désireux d'éviter des rites divergents, le lettré, du XIIe siècle, Zhu Xi élabora un manuel plus simple, intitulé les *Rituels familiaux*.

L'ouvrage passe en revue les quatre rituels familiaux majeurs : le mariage, les cérémonies de passage à l'âge adulte, les funérailles et la vénération des ancêtres. Près de la moitié du texte analyse les cérémonies funéraires, notamment les funérailles et les rituels complexes à pratiquer pour transformer les morts en ancêtres. Les différentes versions du texte de Zhu Xi furent extrêmement populaires et influentes dans toute l'Asie orientale, peut-être en raison du fait que tout le monde attendait alors un manuel élémentaire des rites. Les directives présentées dans cet ouvrage sont toujours à la base de la vénération des ancêtres dans la Corée moderne.

CHAPITRE NEUF

SOCIÉTÉ ET RELIGION

Le confucianisme a joué un rôle prééminent dans la définition des aspirations et des normes sociales en Asie orientale. Bien que son influence y ait été variable selon les époques historiques et les cultures qui l'ont intégrée, la tradition confucéenne a été au fondement de l'ordre familial, social et politique des États de la région.

Son influence a été considérablement remise en cause durant les cent cinquante dernières années. Les bouleversements sociaux et la confrontation avec l'Occident ont indubitablement mis en question la possibilité de son adaptation au monde moderne. Pour certains, la fin des États explicitement confucéens a signifié la mort du confucianisme. Pour d'autres, la tradition est à l'évidence trop forte pour être totalement détruite.

PAGE CI-CONTRE : Les trois figures dominantes des traditions religieuses et philosophiques en Asie orientale sont réunies dans cette peinture chinoise du XVIIIe siècle. Confucius (à droite) tient dans ses bras le Bouddha enfant sous le regard de Laozi, le sage taoïste.

Le confucianisme a façonné les aspirations et les normes sociales en Asie orientale à un point tel que nombre d'attitudes culturelles fondées sur les préceptes confucéens paraissent relever purement et simplement de l'identité nationale, bien plus que d'une religion particulière. Les religions d'Asie orientale sont un mélange de multiples traditions, et des divers courants le confucianisme est resté le plus influent sur le plan social comme sur celui des idéaux politiques.

Conformément à l'éthique confucéenne, la relation primordiale est celle unissant parents et enfants et, plus spécifiquement, le père et le fils. Les enfants doivent traditionnellement loyauté et obéissance absolue à leurs parents. Cette règle s'exprimait pleinement dans la loi chinoise : un père, par exemple, avait le droit de tuer un enfant désobéissant, et un fils pouvait être exécuté pour avoir frappé son père. Les enfants étaient tenus de prendre soin de leurs parents devenus vieux, d'assurer leur descendance afin de perpétuer la lignée familiale et de pratiquer les rites ancestraux.

Le confucianisme renforçait également une structure sociale autoritaire et hiérarchisée accordant aux hommes un rôle particulièrement privilégié. Dans la pensée confucéenne, chaque membre de la famille et de la société a un rôle spécifique. Selon la conception chinoise de l'univers, les femmes incarnaient l'énergie *yin*, par opposé au dynamisme *yang* des hommes, elles étaient donc passives par nature. Subordonnées aux hommes, elles étaient tenues d'obéir à leur père quand elles étaient jeunes filles, à leur époux quand elles se mariaient, et à leur fils quand elles étaient veuves. Une femme mariée était censée faire preuve de sentiments filiaux à l'égard des parents de son mari, avec lesquels le couple vivait souvent.

L'impact du confucianisme fut particulièrement important dans le domaine politique. En Chine, l'autorité des empereurs était fondée sur l'idée du « Mandat Céleste » (voir p. 13). Le Ciel donnait son aval à un souverain vertueux et compétent, bienfaiteur du peuple et faisant régner la paix dans l'univers. Les empereurs avaient le titre de « Fils du Ciel » et leur fidélité aux pratiques rituelles exprimait leurs sentiments filiaux et leur obéissance aux ancêtres, à la Terre et au Ciel. L'empereur était assisté par des fonctionnaires cultivés, bien éduqués, imprégnés de morale confucéenne. Dans ce système, l'autorité politique impliquait nécessairement une bureaucratie centralisée.

Confucius est révéré en tant premier Éducateur, et tout au long des siècles ses disciples ont fait de l'éducation une priorité absolue. En Chine, même les gens les

L'Opéra de Pékin, l'une des plus somptueuses expressions de la culture chinoise, introduit dans ses livrets des leçons sur l'éthique confucéenne.

plus pauvres s'efforçaient d'éduquer leurs fils dans l'espoir qu'au moins l'un d'eux passerait les examens publics, apportant ainsi prestige et influence à sa famille.

Après avoir servi de base théorique à la moralité et à l'autorité gouvernementale pendant deux millénaires, le confucianisme se vit reprocher une tradition étouffante et d'être responsable de la faiblesse politique et militaire de la Chine. Depuis le début du XXe siècle, pourtant, il a fini par s'adapter à la modernité, comme on peut le vérifier à Taïwan, Hong Kong, Singapour, et dans de nombreuses autres communautés outre-mer. C'est également le cas en Chine continentale, malgré les persécutions dont il a été l'objet sous le régime communiste. En effet, la rhétorique officielle – chacun travaille pour le bien de l'État, du Parti, de la collectivité, et doit se soumettre à l'autorité – n'est pas foncièrement différente de l'idéologie confucéenne traditionnelle privilégiant le groupe par rapport à l'individu. Ces dernières années, les pressions exercées par le Parti communiste ont baissé d'intensité et le confucianisme est même encouragé, essentiellement pour son intérêt historique et le tourisme.

Par ailleurs, l'énorme importance accordée par le confucianisme à l'unité familiale et à la relation entre parents et enfants continue de prévaloir en Chine continentale, bien qu'à un degré moindre aujourd'hui. La Révolution culturelle (1966-1976) la mit à rude épreuve, quand Mao Zedong encouragea les enfants et les jeunes à dénoncer leurs aînés comme « féodaux » et contre-révolutionnaires. Cette expérience, si profondément opposée à la tradition de piété filiale, a incontestablement laissé de graves cicatrices psychologiques.

Même dans la République populaire officiellement égalitaire, il y a toujours une préférence marquée pour les fils au détriment des filles. La politique de limitation des naissances (un seul enfant par couple) suivie par le gouvernement a entraîné l'apparition d'une série de méthodes visant à s'assurer que l'enfant à naître sera un garçon.

Les Sud-Coréens ont eu une histoire différente. La dynastie des Choson, qui prit fin en 1910, a peut-être vu s'épanouir l'État le plus confucéen qu'on ait connu, et dans la Corée d'aujourd'hui, l'héritage du confucianisme se manifeste dans un grand nombre d'aspects de la vie quotidienne. L'extraordinaire croissance économique du pays a été en partie favorisée par toute une tradition dans laquelle citoyens et travailleurs sont appelés à se sacrifier pour le bien de l'État ou de l'entreprise. Les familles ont un taux de divorce très bas et la prééminence de la lignée paternelle comme des héritiers mâles y prévaut encore. La pratique des rites consacrés aux ancêtres est largement répandue. La très grande majorité de la population, même parmi ceux qui se revendiquent chrétiens, observe les rituels confucéens, essentiellement sous forme de vénération des ancêtres. De plus, de nombreuses associations confucéennes continuent d'exister, des temples locaux à l'Université Séongkyunkwan de Séoul.

Au Vietnam, quand ils s'affranchirent de la tutelle chinoise, les souverains continuèrent à suivre le modèle confucéen tout en conservant certains particularismes. Au XIXe et au XXe siècle, malgré la colonisation française et la naissance du communisme, le confucianisme demeura à la base des rapports sociaux. Depuis la guerre du Vietnam et une émigration massive, on constate un fossé entre les générations, les aspirations des plus anciens n'étant pas toujours satisfaites par les plus jeunes.

Au Japon, le confucianisme eut une influence plus diffuse. Les Japonais l'importèrent au VIe siècle, en même temps que d'autres aspects de la culture chinoise, et y virent d'abord un moyen de renforcer la centralisation de l'État et les hiérarchies sociales. Cet objectif une fois atteint, le confucianisme resta une référence très générale bien plus qu'un authentique mode de vie. Au XVIIe et au XIXe siècle, on l'invoqua de nouveau pour justifier la hiérarchisation sociale et politique. Enfin, durant la période qui conduisit à la Seconde Guerre mondiale, le confucianisme fut associé au shintoïsme pour assimiler la fidélité à l'empereur à la piété filiale envers les parents. Depuis la guerre, l'idéologie confucéenne fait de nouveau partie de la culture japonaise, comme en témoignent les rapports sociaux en vigueur dans les lieux de travail, à l'école et dans les structures familiales.

Instructions pour les quartiers intérieurs, par l'impératrice Xu

« Rester droite et modeste, réservée et silencieuse, correcte et digne, sincère et honnête : telles sont les qualités naturelles d'une femme. Être respectueuse, humaine et perspicace, aimante et chaleureuse, douce et discrète : tel est le plein accomplissement de notre nature morale. Celle-ci étant innée, elle se transforme et se réalise par la pratique. Ce n'est pas quelque chose qui vient de l'extérieur mais qui a ses racines en nous-mêmes. [...]

L'accumulation de petites fautes peut avoir de graves conséquences. Une grande maison s'effondrera si ses fondations ne sont pas solides. La nature morale d'une personne sera défectueuse si le moi n'est pas réfréné.

Un beau jade sans défauts peut devenir un joyau précieux. Une femme au caractère droit peut devenir l'épouse d'une grande famille. Si vous examinez vos actes avec constance pour voir s'ils sont corrects, vous serez une mère modèle. Si vous êtes travailleuse et frugale sans une ombre de jalousie, vous êtes digne d'être un modèle pour les quartiers des femmes. »

Neixum or *« Instructions for the Inner Quarters »*, cité in *Sources of Chinese Tradition*, vol. 1, compilé par William Theodore de Bary and Irene Bloom, Columbia University Press, New York, 1999, pp. 834-835.

Commentaire

Dans la société confucéenne, les femmes supposées être *yin*, comme la terre, sont donc passives et soumises. Elles n'en jouaient pas moins un rôle crucial dans la famille : elles avaient pour tâche d'élever les enfants et de faire des remontrances à leur mari quand il était dans son tort. Beaucoup de personnages illustres ont célébré des femmes de leur famille qui contribuèrent à leur réussite. Un exemple fameux est celui de la mère de Mencius, qui déménagea trois fois avec son fils pour s'assurer qu'il grandirait dans un environnement favorable à son perfectionnement moral et intellectuel.

De nombreux manuels destinés aux « quartiers intérieurs » furent écrits par des femmes accomplies, de haute éducation. Ces ouvrages donnaient des conseils pour suivre la « Voie féminine » – sacrifice aux ancêtres, prendre soin des beaux-parents, donner naissance à des enfants. Cet extrait des *Instructions pour les Quartiers intérieurs* (écrit sous la dynastie des Ming par l'impératrice Xu) reprend les enseignements confucéens de la Grande Étude selon lesquels chaque être humain se doit de développer sa propre nature afin, au bout du compte, de participer à l'ordre de l'univers. Il ne définit donc pas seulement les devoirs domestiques d'une femme, mais également les moyens de son perfectionnement.

GLOSSAIRE

Chunqiu « Annales des printemps et automnes », l'un des Cinq Classiques.

Dong Zhongshu Homme d'État et philosophe confucéen du IIe siècle av. J.-C. (Dynastie des Han).

Kongzi, Kong Fuzi Maître Kong ; Confucius.

li 1. Rituel, cérémonie ; 2. raison, principe – fait partie des principes régissant le monde et tous les êtres qu'il contient (dans l'écriture chinoise, les deux mots correspondent à deux caractères différents).

Li ji « Livre des rites », l'un des Cinq Classiques.

Mencius Nom latinisé de Mengzi, le grand philosophe *ru* du IVe siècle av. J.-C., interprète des idées de Confucius.

néoconfucianisme Revivalisme confucéen sous la dynastie des Song, qui intégra des éléments du taoïsme et du bouddhisme.

qi Matière-force vitale dont toute chose est constituée.

ren Bonté, humanité, magnanimité, vertu suprême de l'homme de bien (*junzi*).

ru École philosophique fondée par Confucius ; lettré confucéen. De *ru*, qui signifie « faible », « accommodant », « soumis ».

Shi jing « Livre des odes », l'un des Cinq Classiques.

shu Réciprocité ; en corrélation étroite avec l'idée de *ren*.

Shu jing « Livre des documents », l'un des Cinq Classiques.

Taiji La Grande-Unité (ou Faîte Suprême), le *li* global de l'univers.

Tian Le Ciel ; les empereurs étaient supposés être mandatés par le Ciel.

xiao Piété filiale ; pierre angulaire de l'ordre familial et donc social.

Xunzi Philosophe *ru* du IIIe siècle av. J.-C.

yang Aspect masculin du *qi*, lumière et mouvement.

yi Droiture, honneur, loyauté.

Yi jing (ou ***Yi king***) « Livre des mutations » (ou « des transformations »), l'un des Cinq Classiques.

yin Aspect féminin du *qi*, obscurité et passivité.

zhong Sincérité, sentiment fondateur de la réciprocité des devoirs (*shu*).

Zhu Xi Grand philosophe néoconfucéen du XIIe siècle.

BIBLIOGRAPHIE GÉNÉRALE

Baudouin B., *Le Confucianisme, une conception morale de la vie*, Éd. De Vecchi, 1995.

Cavin A., *Le Confucianisme*, Garnier, 1969.

Cheng A., *La philosophie chinoise*, Éd. du Seuil, 1997.

Confucius, *Entretiens de Confucius*, trad. par Anne Cheng, coll. « Points Sagesses », Éd. Du Seuil, 1981.

Do-Dinh P., *Confucius et l'humanisme chinois*, Éd. du Seuil, 1958.

Étiemble R, *Confucius*, Gallimard, 1986.

Granet M., *La Civilisation chinoise*, Albin Michel (éd. de Poche, 1994).

Granet M., *La Pensée chinoise*, Albin Michel, 1980.

Jullien F., *Figures de l'immanence, Pour une lecture philosophique du Yi King*, Grasset, 1993.

Jullien F., *Un Sage est sans idée*, Éd. du Seuil, 1998.

Leslie D., *Confucius*, Seghers, 1962

Lin Yutang, *La Sagesse de Confucius*, Attinger, 1949.

Liu Wu-Chi, *La Philosophie de Confucius*, Payot, 1963.

Maspero H., *Le Taoïsme et les religions chinoises*, Gallimard 1985.

Needham J., *Science et Civilisation en Chine, une introduction*, Édition abrégée établie par Colin A. Ronan, traduit de l'anglais par F. Obringer, Éd. Philippe Picquier, 1978.

Yi King, Le Livre des transformations, Version allemande de Richard Wilhelm, trad. française d'E. Perrot, Éd. Librairie de Médicis, 1973.

INDEX

Les numéros en **gras** renvoient aux principales références ; ceux en *italique* renvoient aux légendes des illustrations.

REMERCIEMENTS ET CRÉDITS PHOTOGRAPHIQUES

Les éditeurs remercient les personnes et les institutions qui leur ont permis de reproduire les documents qui illustrent ce livre. Malgré tous les efforts déployés pour retrouver les détenteurs des droits de reproduction, nous ne sommes pas à l'abri d'un oubli. Si tel était le cas, nous nous en excusons d'avance et nous nous engageons à réparer les éventuelles omissions à l'occasion des éditions suivantes.

Page 2 Hutchison Library, London/Trevor Page; **page** 7 British Museum, London; **page** 10 British Museum, London; **page** 16 Bridgeman Art Library, London/Bibliothèque Nationale, Paris; **page** 24 Bridgeman Art Library, London/Private Collection; **page** 28 Corbis/Dean Conger; **page** 32 Art Archive, London/Bibliotheque Nationale, Paris; **page** 38 DBP; **page** 42 DBP/John Chinnery; **page** 46 DBP/John Chinnery; **page** 52 Art Archive, London/Victoria & Albert Museum, London; **page** 59 Art Archive, London/British Museum, London; **page** 62 Hutchison Library, London; **page** 66 Hutchison Library, London/Michael Macintyre; **page** 72 Corbis/Mike Yamashita; **page** 76 Panos Pictures, London/MarkHenley; **page** 84 Bridgeman Art Library, London/Private Collection; **page** 89 Panos Pictures, London/Mark Henley; **page** 96 Art Archive, London/British Museum, London; **page** 100 Hutchison Library, M. London/Michael Macintyre.